我国流通创新与生态消费体系构建的研究

杨海丽　著

本书受教育部人文社会科学研究青年基金项目"我国流通创新与生态消费体系构建的研究"（编号：12YJC790227）和重庆市本科高校"三特行动计划"特色专业建设项目资助出版

科学出版社

北　京

图书在版编目(CIP)数据

我国流通创新与生态消费体系构建的研究／杨海丽著 . —北京：科学出版社，2016. 2

ISBN 978-7-03-047338-7

Ⅰ. ①我⋯ Ⅱ. ①杨⋯ Ⅲ. ①流通产业–产业发展–关系–消费模式–研究–中国 Ⅳ. ①F724 ②F126. 1

中国版本图书馆 CIP 数据核字（2016）第 028406 号

责任编辑：郭勇斌 周 爽／责任校对：桂伟利

责任印制：张 伟／封面设计：黄华斌

科学出版社 出版

北京东黄城根北街 16 号

邮政编码：100717

http://www.sciencep.com

北京京华虎彩印刷有限公司 印刷

科学出版社发行 各地新华书店经销

*

2016 年 3 月第 一 版 开本：720×1000 1/16

2016 年 3 月第一次印刷 印张：11

字数：158 000

定价：65.00 元

（如有印装质量问题，我社负责调换）

前　言

　　生活消费的非生态化模式给环境带来的压力日益增加。2013 年 7 月关于"垃圾围城"的报道反映出我国非生态消费过程给环境带来的巨大压力，报道中指出我国"超 1/3 的城市被生活垃圾包围，75 万亩土地被占"。从各类文献、资料和调研结果来看，我国由消费带来的各类生态问题日益严重，因此，从新的角度构建生态消费模式成为一个重要而全新的课题。翻阅历史文献等相关资料得出，有多方面因素引发现有问题，而消费模式的落后和环境保护意识的欠缺是根本。有不少学者从生态消费、低碳消费、适度消费和可持续消费等角度探讨消费领域如何节能减排，但基本上都是独立地研究生态消费问题，没有将生态消费纳入到一个整体框架中进行研究。事实上，消费不是独立的，它与生产、流通存在着密不可分的关系，如果没有生态流通和生态生产体系的支撑，生态消费无法独立形成；而生态消费、生态生产和生态流通系统是生态经济体系的"三驾马车"，要构建真正的生态消费体系，必须考虑生态流通与生态生产。本书将生态消费与流通结合起来进行研究，希望通过流通创新促进生态消费体系的构建；也希望通过将生态消费与流通综合起来进行研究，从一个新的角度探索生态消费体系构建的路径与方法。本书还专门分析了生态产业链对生态消费的作用和影响。

　　本书研究的起点是流通创新，最终目的是基于流通创新背景构建生态消费体系。本书中流通创新的研究与流通产业生态化紧密相扣，流通创新促成生态流通体系的构建，生态流通体系进一步引导生态消费模式的形成。书中通过一些案例和模型深入分析流通创新对生态消费的作用机制。

　　本书在教育部人文社会科学研究项目"我国流通创新与生态消费体系

构建的研究"（编号：12YJC790227）和博士论文的研究基础上，将相关论文和研究报告进行修改整理而成。研究内容主要包括 6 个部分：概论，流通创新理论及评价体系研究，生态消费评价体系与我国居民能源消耗水平的分析，流通创新影响生态消费的作用机制研究，基于流通创新视角的生态消费体系构建及运行机制分析，结论。

　　本书是流通创新与生态消费之间关系研究的起点，也是一种初步的探索，所以依然存在一些明显的不足。作者在以后的学习和研究中将继续深入完善这一研究，也希望同行能对此问题有更多的关注，关注生态消费这一低碳经济和环境保护的重要部分。

　　本书的完成首先要感谢中南财经政法大学经济学院胡雪萍教授的深入指导；感谢中南财经政法大学经济学院的李珊珊老师、重庆工商大学经济学院的刘瑜老师，没有他们的指导和关心，本书是很难完成的。同时，特别感谢教育部人文社会科学研究青年基金项目的支持，感谢 2014 年重庆市本科高校"三特行动计划"特色专业建设项目的支持和资助。

作　者
2015 年 12 月于重庆

目　　录

第一章　概　　论

第一节　流通与消费的研究背景

随着经济的快速发展，我国流通产业在现代服务业中占据越来越重要的地位，发展现代流通业是发展现代服务业的一个重要组成部分。从我国的实际情况来看，流通理论的发展远远落后于流通实践的发展，流通理论的发展滞后严重影响流通实践的进一步发展。而从流通对生产和消费的影响来看，流通理论发展的滞后，对生产和消费的影响也越来越明显。外资流通业在我国的迅猛发展，给我国流通产业带来了越来越大的竞争压力。在这一背景下，中国流通理论与实践的发展面临着越来越复杂的形势，如何更好地发展我国流通产业，充分发挥其对消费的引导作用是关乎国家发展的全局问题。中央对各产业的创新能力的培育十分重视，对流通产业亦如此，希望通过流通创新带动流通产业发展的同时，带动我国消费领域的创新。但是我国流通领域内的创新程度和水平一直处于较低的情况，如何激励我国流通产业进行全方位创新，已经成为我国产业发展和经济发展的重要任务之一。

从经济学的研究历史来看，新古典经济学的公理性研究假设和格式化研究过程直接或者间接地降低了主流经济学对流通领域的关注，因此，流通理论在经济学体系中的研究一直缺乏系统性。在我国流通实践迅速发展背景下，流通理论得到了长足的发展，我国较多学者从多方面研究流通理论，丰富了流通理论的研究成果，对流通实践有较好的指导，同时从根本上提高了社会对流通的认识程度。

改革开放30多年来，我国流通产业得到了长足的发展。现代流通业的不断发展，彻底改变了我国传统流通理论的观念；同时，我国流通研究不断地创新，已经从传统的"流通无用论""流通从属论"转变为市场经济条件下的"流通先导论""流通支柱论"。而今在流通理论的研究中，已经开始研究流通产业结构、流通产业联盟以及流通体系战略等问题。流通理论的创新研究成果不断出现，对流通实践的指导作用日益突出。

随着能源短缺问题的日趋加重，我国经济学研究中关于循环经济、生态经济、绿色经济等问题的研究越来越多，如果从消费和流通方面来分析，主要是生态消费、绿色消费的研究。进入 21 世纪，我国消费水平迅速提高的同时，消费结构不断升级，商品消费模式与购买模式逐步转型，消费者对消费的要求越来越高，如对电子商务模式的需求不断提高，为此需要便捷而快速的物流体系。与此同时，工业化、城市化和现代化进程加速，社会经济发展对资源的需求大幅增加，资源紧缺问题日益凸显，环境问题不仅体现在生产领域，更多地体现在流通领域和消费领域，如过度消费、浪费型消费、不合理的消费，这些消费不但不利于经济增长和经济转型，反过来会助推人们的贪婪和占有欲，甚至引起家庭消费中的危机；同时这种急剧膨胀的消费需求所造成的不合理消费行为，给自然资源环境带来越来越大的冲击和压力，使本已经脆弱的生态系统不堪重负，所以必须构建生态消费体系。

那么，应该如何科学地构建适合我国经济发展需要的生态消费模式和生态消费体系呢？是从生产、交换、分配的角度还是从消费角度考虑？为了更好地研究生态消费问题，本书将视角对准流通领域的创新。通过对流通领域创新进行全方位的分析，不难看出，落后的流通会影响生态消费体系的构建和生态消费模式的形成，而现代化的绿色流通模式对生态消费的形成有着促进作用。因此，本书从流通创新和现代流通的视角研究生态消费体系的构建问题。这一研究思路将消费、生产与流通作为一个整体进行研究，并非孤立地研究消费问题，是对消费问题研究的一种创新。

第二节　流通创新与消费的研究现状及评述

目前，专门针对流通创新与生态消费的研究并不多见。在以往的文献中，流通创新的研究主要停留在流通创新自身，而没有系统、全面地分析流通创新对相关行业尤其是对消费领域产生的影响；同时，流通创新研究的视角和维度主要以宋则（2004）在《中国流通创新前沿报告》中提出的创新体系作为研究基础。为了更好地理清相关研究的脉络，本章将对相关文献层层深入地进行梳理：首先对创新的相关研究进行梳理，其次回顾流通创新的相关研究，在此基础上对生态消费的相关文献进行系统整理，最后对关于流通与消费关系的研究进行回顾总结。这些文献的梳理和总结为本书的研究和思考提供了重要的研究基础。

一、产业创新理论

从以往的研究文献来看，对于宏观创新的界定基本上是国家层面与区域层面的创新，包括经济、政治、文化等多维度的宏观创新；微观创新是指企业层面的创新，如生产企业的技术创新就是典型的微观创新。宏观创新和微观创新研究较多，文献资料也很容易收集到。中观创新主要是指产业创新，介于宏观创新与微观创新之间，与宏观创新、微观创新既有联系，也存在本质的区别。从我国的研究现状来看，创新的研究主要集中在宏观和微观的创新研究，对中观层面的产业创新的研究较少，可以说产业创新研究并非主流。总结国内外的历史研究文献，主要有杜义飞等（2007）、黄顺春（2008）、王明明（2009）以及弗里曼（Freeman，1997）等在产业创新方面做出了具有代表性的研究。

杜义飞等（2007）从中观和微观两个层面来分析产业创新的含义，其研究起点是产业创新，认为产业创新终将面临价值创造与价值分配问题；在分析企业创新如何影响产业创新方面，杜义飞认为如果企业能从产业创新角度来审视企业自身的创新战略，则企业创新效益的溢出效应将会较为明显，即给其他企业带来正的外部效益，从而引起交互式创新活动，最终实现产业创新。黄顺春（2008）主要从产业创新的概念出发进行研究，他认为产业创新的概念要考虑三个方面问题，即产业创新的主体如何选择、产业创新的范围如何确定以及产业创新的最终表现如何确定和考核。王明明（2009）则从产业创新系统的角度进行研究，他将产业创新分为三个子系统，即技术、制度和组织。上述这些关于产业创新的研究是国内学者的一些初探，缺乏系统性和完整性，需要进一步深入地研究。

国外对产业创新研究最具代表性的人物是英国的弗里曼，他是第一位系统研究产业创新理论的学者。在他的研究中，产业创新包括技术技能、产品、流程、管理（组织）与市场创新，这些创新有机组合形成产业创新。马莱尔巴（Malerba）在内尔松（Nelson）等的进化经济学理论基础上，构建了产业创新理论，主要包括知识和技术体系、各行为主体及他们之间的网络体系、制度构成体系三个组成部分，产业创新则是三个部分协同作用的结果。通过对以上文献的回顾和整理，可以得出产业创新的内涵。产业创新是指某产业中的领导企业以创新联盟的形式，或者代表性的单个领先企业，通过开展各种研发活动而获取先进的技术、管理、流程等多种成果，并通过企业之间的技术溢出形式推动整个产业的共同发展和创新。通过产业创新可以改变现有产业结构，或者创造出新的产业。

国外众多学者从不同侧面对创新能力进行系统研究。如丰克斯（Funchs）认为创新能力属于一种高阶整合能力，并具有一定的重塑和管理的新能力，正是这种整合能力加强了企业对外部知识的吸收能力，并能将不同部门的技术能力进行整合，从而形成创新能力。劳森（Lawson）和萨姆森（Samson）主要是基于动态能力的观点，将创新能力界定为通过持续将创意和知识转化为新产品、体系或者流程，进而为企业和投资者提供更高的价值增值的能力。雷纳（Rainer）和弗兰科（Franco）将"内生创新"和"自主创新"定义为具有相似特征的概念，它们相对于模仿创新、外部引进和裂化的技术创新模式，是系统内自发的创新性行为。而霍布戴

（Hobday）和基姆（Kim）将后发国家企业的自主创新描绘为一个轨迹来阐释创新能力。

二、流通创新

从以往的流通创新研究文献来看，研究最多的是流通综合创新，即涉及非单一创新维度的研究，搜索 CNKI 数据库中核心期刊标准以上的相关文献共 120 篇；第二是农产品流通模式创新研究，共 60 篇；第三是关于流通组织创新（以流通业态创新和零售业态创新最多）的研究，共 50 篇。

从流通创新视角来看，以往文献对这一问题的研究主要涉及流通服务战略创新、价值创新或者体系创新等内容，这些创新的研究主要从两个或者两个以上的维度展开。如徐从才（2006）认为，我国目前的流通创新属于流通产业的战略创新，其重点在于流通产业的制度、组织和技术创新。赵振民则从创造和提升顾客价值为导向的价值创新战略出发，提出零售企业的服务理念创新、服务产品创新、组织创新、流程创新及服务技术创新是流通创新的重要组成部分，且对顾客价值提升具有较强的作用。

国内对流通创新研究较早和较为系统的学者是宋则，他于 2004 年在《中国流通创新前沿报告》中重点提出流通创新的整体框架和研究内容，主要包括流通硬技术创新（如流通业态创新、技术创新、结构创新和设施创新）和流通软技术创新（包括组织创新、管理创新、制度创新、政策创新和观念创新）。

关于流通组织创新的研究，很多文献在充分分析我国流通组织存在的问题后，从不同角度提出改进流通组织的对策措施。组织创新研究的主流观念包括业态创新和农产品流通组织创新。李飞（2003）就零售业态构成要素的研究认为，零售业态构成要素主要包括产品、服务、价格、店址、环境和沟通 6 个组成要素，并以此为基础设计零售业态创新的相关内容。冯邦彦等则从生猪流通制度的改革方面研究流通问题。黎元生（2003）从农产品流通组织规模经营、机制转换、结构优化、模式选择等多方面分析农产品流通组织创新。

而关于流通创新与流通现代化的研究成果比较丰富。如宋则（2004）较早地系统研究了流通创新，并将流通创新的研究构建成一种范式。他提出了流通创新与流通现代化，流通创新的政策，零售业、批发业、物流业创新与发展，以及技术创新与流通产业发展，并给出了流通现代化评价指标体系。黄国雄主要强调了流通理论创新对流通产业发展的作用，提出要加强流通理论创新，推动流通产业快速发展。纪宝成就流通竞争力与流通产业可持续发展进行研究，阐述了流通竞争力的重要性并认为提高流通竞争力必须转变盈利模式；同时对创新流通方式的思想进行了研究。察米森（Camison）和巴宾（Babin）认为流通创新可以提升产业效率，并对消费效率的提升发挥着重要作用。

三、生态消费

从消费问题研究的情况来看，较早研究生态消费问题的是一些发达国家，他们通过制定各种环境保护法律进行环境保护，如英国于 1876 年颁布《河流污染防治法》，日本于 1967 年公布《公害对策基本法》，又于 1968 年出台《大气污染防治法》和《噪音控制法》，美国于 1969 年制定了《国家环境政策法》。这些法律的制定，对于调整人们在开发与利用环境的过程中形成的社会关系具有较强的指导作用，并能更好地调整人与自然的关系。尽管这些法律法规仅仅是从环境保护方面出发的，但是在某种程度上对生态消费产生了深远的影响，更重要的是它们已经逐步成为生态消费研究的理论基础。

此外，伴随着生态经济学和消费经济学的逐渐成熟，20 世纪 70 年代生态学理论正式成为消费问题研究的一个重要领域。1981 年，美国西乔治亚州立大学企业管理学院教授伍兹（W. A. Woods）在《消费者行为》一书中较多的引入生态学理论研究消费者行为，从而较早地为消费与生态两个系统架起了学科桥梁。这标志着生态消费理论研究的起步，但是这种研究属于附属性研究。1992 年在巴西召开的联合国环境与发展大会上通过了《21 世纪议程》，提出要改变不可持续的消费模式，建立新的消费模式已经成为当务之急。在此基础上，各国的专家和学者们开始了对能够协调人与自然关系的消费模式——生态消费的研究。

近年来，关于生态消费的研究主要集中在对生态消费概念的界定、生态消费与生态需要关系的研究、生态消费模式和生态消费观念的研究。陈桂香提出构建生态消费伦理，主要强调在消费过程中保护人类与自然界的和谐、促进代内消费与代际消费公正以及在消费方式上走生态之路。尹世杰（2010）研究发展生态消费力，提出了发展生态消费力的作用、我国生态消费力存在的问题及提高生态消费力的对策。有学者通过对我国与发达国家生态消费主导模式的比较分析，提出我国近年来也开始重视引导居民转变消费观念，促进生态消费，但目前尚未形成一整套合理的整合和配套措施来促进全社会生态消费模式的形成。

四、流通与消费互动关系

亚当·斯密（1972）从分工的角度研究了流通与消费增长的关系。他提出的动态生产率理论认为，经济的不断发展是促进生产率长期增长的主要因素，而分工的程度则受到市场范围的强烈制约。流通是市场范围扩展的显著标志，因而流通的扩大必然能够促进分工的深化和生产率的提高，加速消费需求增长。亚当·斯密的这些论述包含了流通具有带动消费增长作用的思想。马克思也指出商品交换归根结底是满足物质上不同的需求。贸易的发展总是要通过创造条件去促进买和卖，从不协调走向协调。"卖"要特别适应"买"，因为一切购买归根结底反映的是消费的需要。伍德（Wood）提出流通的水平、方式和规模对消费产生较大的约束，其他条件不变的情况下，大生产必须依托大流通，大流通会产生大的市场和强大的消费。

贺珍瑞（2007）以农村市场为基础，从实证角度研究流通体系与消费需求之间的相关性。研究发现，农村消费不足和消费方式落后与流通体系落后有必然关系。赵萍主要分析了流通体制促进消费的潜力，借鉴相关国际先进经验提出通过改革流通体制促进消费增长的对策建议。冉净斐选用相关数据从实证的角度论证了流通促进消费的作用。宋则提出了商贸流通业增进消费的相关政策。除此之外，有学者提出流通产业发展水平和方式对消费方式也有较大的影响，如朱成钢（2006）论述了流通产业在促进绿色消费中的重要作用。

综上所述，以往的研究主要从流通、消费及生态消费方面探讨流通与消费的关系，流通促进消费在理论界已经得到公认，也被实践经验所证实，类似的相关研究也十分丰富。而对流通创新与生态消费的关系研究，虽然在实践经验中已经有所表现，但是缺乏较为系统的理论作为研究基础和支撑，因此，对中国流通创新与生态消费体系构建的研究十分必要。

五、评述

从流通产业、消费领域以及流通与消费关系的历史研究中可以看出，国内外学者从多视角、多领域进行了研究，成果丰硕，研究成果的应用对流通理论和实践有较大的指导作用，具有较强的推广价值和现实意义，但是限于本研究的局限性和时间关系，文献的搜集可能存在遗漏。纵观现有文献，无论是学术论文还是著作，流通方面的研究远远多于生态消费的研究，流通创新的研究中定性研究多于定量的研究；国内流通创新研究中绝大部分限于对农产品流通的创新研究，对于流通总体创新的研究比较宏观。生态消费的研究文献并不多见，且现有的文献大部分从社会学、伦理学和哲学视角切入，真正从经济学视角研究生态消费问题的较少。简而言之，现有的流通创新理论和生态消费理论研究均处于发展阶段，仍需要学者们进行深入的研究。

如果从流通与消费关系的文献来看，从亚当·斯密以分工的视角研究流通与消费的相互促进开始，经历了漫长的发展历程，但是研究的进展并不顺利，从时间和研究成果来看，研究出现断层。一方面是时间上的断裂，即从马克思对流通与消费的研究之后，由于新古典经济学的公理性研究假设和格式化研究过程直接或间接地降低了主流经济学对流通领域的关

注（夏春玉等，2000），导致流通理论在主流经济学中被抽象掉。另一方面从研究成果来看，流通与消费的研究中定量研究模式不成熟，且主要以论文的形式存在，著作成果较少。

因此，本书试图在现有文献研究的基础上将流通创新与生态消费问题纳入一个研究框架中，解释流通创新对生态消费的影响及作用机制，并构建流通背景下的生态消费体系，同时给出相应的政策建议。

第二章 流通创新理论及评价体系研究

从产业经济学的角度来看,流通创新是产业创新的一种,属于产业创新在流通领域的直接表现。产业结构合理化、科学化和高度化是产业创新的目的之一,是当前国内外产业发展与进步的主要动力来源,是产业结构优化和产业升级的重要途径,也是推动地区、国家及全球经济增长的关键因素之一。伴随着世界经济的快速发展和高新技术的突飞猛进,世界产业结构的演进也出现了一系列新的发展趋势和方向,这些趋势不可避免地对各国产业结构尤其是发展中国家的产业结构产生深远影响。从全球产业演进的过程来看,流通产业的重要地位随着经济发展水平的提高而不断提高,而我国流通产业发展的现状与经济发展水平的严重失衡,主要表现为我国流通产业发展落后于我国经济发展的总体水平,以及我国流通产业目前所面临的发展挑战,对流通创新提出了迫切的要求。流通创新实质上就是促进流通产业的经济结构从以传统经营为主到以现代产业经营为主的结构演进,也就是逐步实现流通产业结构的调整与不断升级。本章以产业创新为起点,研究我国流通创新的相关问题。

第一节 流通创新的内容

产业创新是以技术创新为起点的系统集成创新,流通创新属于产业创新中的一种类型,属于在流通产业以技术创新为起点的一种集成性创新。从创新的内容来看,流通创新属于服务创新,是相对于制造业创新而言的,理论基石与制造业创新一样,均为熊彼特(1990)的创新理论。服务创新与制造业创新有着本质的不同,服务创新具有创新的无形性等特征(汪旭晖,2011:5-7)。从世界范围内来看,流通创新与制造业创新具有密切关系，且互相促进。流通产业处于产业链的中间环节，其发展程度与制造业和消费市场的态势息息相关，大生产的出现要求大流通，所以流通产业发生了巨大变化。信息化时代，生产制造业迅猛发展，消费需求变化快，且消费需求日益复杂化，对流通产业发展提出了更高的要求，流通必须走不断创新的道路，才能适应上游制造业大发展的需要，同时更好地满足不断变化的消费需求。

一、我国流通创新理论的历史演进

（一）流通创新的概念

本书的研究基础和起点是流通创新，因此，首先要理清流通创新的内涵，理解流通产业的概念和范畴。

国外对流通产业的概念和范畴界定比较模糊，同时由于流通理论研究被西方主流经济学所忽略，导致流通经济学体系零散化和边缘化，所以与主流经济学的研究相比，国内沟通业研究反而多于国外的相关研究；国外的文献资料对流通的研究是零散的，缺乏系统性，因此，国外对流通理论的研究仍处于较初级的阶段。而流通产业概念与范畴的模糊导致流通数据难以收集且定量研究基础薄弱，所以流通理论的定量研究比较困难。

从国内流通理论的研究来看，林文益（1995）认为，流通产业是流通领域包括的所有产业部门，如商业、物资贸易业、仓储业、邮电通信业、金融业、保险业等。

宋则（2004）认为，流通产业是支撑和促进国内贸易和国际贸易（一体化）的载体，是实体经济中与商品贸易直接关联的产业经济活动的总和。流通产业既是实体经济的一部分，又是第三产业中的基本内容之一。从产业特点和研究范围来看，流通产业包括与第一产业相关联的农产品流通、与第二产业相关联的工业生产资料（资本品）和工业生活资料（消费品）流通，以及第三产业中的商业服务业（批发与零售等）；从商品贸易的流程来看，包括与此直接相关的商流、物流、资金流和信息流；

从资源稀缺和构成要素角度看，包括基础设施硬件与管理、技术软件，具体包括相关劳动力、资本、土地和技术等资源的投入；从时代特征和管理技术的发展水平看，包括传统流通业和现代流通业（宋则，2004：3-4）。

根据流通产业的范围可以将流通产业从广义和狭义两个方面进行区分，从广义来看，流通产业包括农产品流通、工业投资品流通以及商业服务业；而从狭义来看，主要指实体经济中专门从事商品批发、零售、物流等流通产业组织（宋则，2004：16-17）。

夏春玉（2009）等遵守国家统计局 1985 年在《关于建立第三产业统计的报告》中的界定，认为流通产业包括交通运输业、国内商业、对外贸易、物资供销业和仓储业。

洪涛（2011）提出流通产业是商品流通的组织载体，是一个相对独立的产业组织，是一切实物贸易和商业服务贸易活动的组织群体，分为实务商品、服务商品、一系列贸易活动的组织，包括商品批发与零售、住宿与餐饮业、物流配送业、电子商务业、商务服务业（租赁、拍卖、典当业、旧货业、会展业、商业信息业、商业咨询业、商业培训业）、生活服务业（美容美发美体、沐浴浴足、洗染、摄影扩印、家政、修理），以及各类生产企业的分销渠道组织（洪涛，2011：4-5）。

汪旭晖的相关论著中认为流通服务业主要包括批发、零售、物流、餐饮（汪旭晖，2011）。

流通管理相关部门则从工作实际出发，一般把流通产业视为国内贸易的具体承担者，主要包括批发业、零售业、住宿和餐饮业、物流配送业，以及拍卖、典当、租赁、会展等生产生活服务业。根据《国民经济行业分类》（GB/T 4754-2002），流通产业包括：①批发与零售业；②住宿与餐饮业；③租赁与商业服务业；④居民服务和其他服务业。

结合以往较权威的文献，本书认为流通产业是实物贸易和服务贸易活动组织的载体，主要包括商品批发、零售、物流、住宿与餐饮，这些行业都属于专业化的流通组织形式。从分工理论来看，专业化的流通组织效率比非专业化的效率要高，能够为社会提供更广泛的服务。同时，要从流通现代化的层面把握流通产业的概念。

综上所述，流通创新即流通产业创新，属于产业创新范畴，主要是指发生在流通领域内的创新表现，包括流通产业内出现的前所未有的发现与发明、模仿其他行业或者企业的创新在流通领域进行的各种创新活动，是流通企业创新扩散的一种表现。具体来讲，流通创新是工业信息化条件下，依托先进理论、思维方法、经营理念和技术手段，对传统流通产业中的各行业（如批发零售、住宿餐饮、物流配送），以及流通过程的商流、物流、信息流和资金流进行的革新和全面提升。流通创新的起点是流通企业的技术创新和服务创新，在不同时期，流通创新的重点和方向有较大差异，而在当前经济环境背景下，流通创新的主要方向是流通生态化。

（二）流通创新理论的历史演进（1978 ~ 　）

流通理论介于微观企业理论与宏观政府理论之间，通常情况下被认为是中观的行业或者产业概念范畴。由于流通产业的发展与政府之间的关系密切，因此流通产业发展与行政管理主体的变化及行为息息相关。流通创新与流通产业的发展及国家宏观环境密切相关，在不同的发展阶段，创新的主题、动力及重心不同，从我国流通产业的发展来看，真正意义上流通创新的研究只有10多年。回顾流通产业的发展历史，对更全面地研究流通创新理论的历史演进，更好地理解当前形势下我国流通创新的方向和中心十分重要。

根据不同的流通产业发展阶段，可以将我国流通创新理论发展分成5个阶段。

1. 第一阶段：流通创新及其理论萌芽阶段（1978 ~ 1982 年）

伴随着农村改革、计划和价格管理体制的改革，我国逐步放开了部分价格的管理权限，逐步放开了小商品和部分农产品的价格，部分机电产品实行了浮动价格。与此相适应，各类市场逐步出现，其中发展较快的有农副产品市场和小商品市场。同时，生产资料市场开始建立。流通产业对国民经济的促进作用开始显现。但是从总体来看，计划经济体制还占有主导地位，在生产和流通的关系中，流通尚处于次要地位，当时的流通企业大部分属于国有制，流通产业的发展依然处于萌芽阶段。

　　在这一阶段，专门研究流通及流通创新的理论著作和论文较少，大部分是在关于生产的研究中提到了流通的作用及流通创新的必要性，关于流通的研究主要是对供销社的功能、商品流通的附属性及商品流通价值的研究等；而提到商品流通创新的文献资料的观点集中在供销社的网络扩建和功能升级方面。

　　2. 第二阶段：流通实践发展、流通产业理论及创新研究的初期阶段（1982～1992 年）

　　以 1984 年《中共中央关于经济体制改革的决定》的发布为主要标志，我国市场培育和流通发展进入全面展开阶段，为我国流通产业发展创造了良好的外部条件。这一阶段的市场培育和发展明显加快，流通产业对经济发展的促进作用进一步增强，国家、地方、政府和企业均充分认识到流通的功能，并提出了大市场、大流通的理念。与此同时，流通的落后对经济增长的制约作用越来越明显，社会市场经济中频繁出现的"买难"和"卖难"，不仅造成经济资源效率低下、生产资源浪费，也阻碍了经济的快速增长。

　　1984 年国家流通方面的体制改革步伐逐步加快，每项改革对流通产业的发展和创新均产生着深刻影响，为适应市场经济体制改革，国家开始精简与合并相关机构，如供销合作总社、粮食部与商业部合并，组建统一的商业部，主要负责国内生活资料和城乡流通产业的管理。国家大力推行流通体制改革之后，为了方便对物资流通的管理，国务院专门设立了物资部。1982 年 3 月，对外贸易部、对外经济联络部、国家进出口管理委员会、国家外国投资管理委员会合并，成立对外经济贸易部。

　　与此相对应，我国的流通创新理论集中围绕在如何提高流通企业的效率，以及政府在流通宏观调控中如何转变职能上，流通创新理论的研究仍然十分薄弱。

　　3. 第三阶段：流通创新理论形成阶段（1992～2003 年）

　　以邓小平同志南方谈话为标志，我国社会主义市场经济步入飞速发展阶段，这一变化对我国流通产业的发展起到了较大的促进作用。在这一阶段，我国流通产业进入高速发展时期，物流业得到了充分的发展。流通产业在国民经济中的地位显著提高。伴随着 2001 年中国正式加入世界贸易组织，我国流通产业对外开放程度进一步提高，这对我国流通产业的创新理论和实践研究发挥着巨大的推动作用。

流通创新理论的研究和流通创新在实践方面的大范围应用是从这个阶段的后半期——即 2001 年开始，2001 年 12 月至 2002 年 12 月是外资流通企业快速进入中国的一年，而 2002 年 12 月至 2004 年 12 月，外资流通企业对我国流通企业实现大规模的并购，并以并购的形式加速在我国市场的扩张。我国流通产业一方面得到了快速的发展，如流通产业产值增长率超过 100%，流通产业中的零售、物流的增长率达到 200%①；另一方面，流通领域出现了很多问题，如落后的流通硬件与较为发达的流通软件的矛盾，信息化给流通流通领域带来的冲击，流通制度与流通发展之间的矛盾，流通方式与流通规模之间的矛盾，流通规模扩张与效率低下之间的矛盾，等等，这些矛盾的出现，迫切要求流通理论和实践改革创新。而这一阶段的流通创新研究主要是搭建创新的基本框架，重点研究流通业态创新、流通模式创新、流通体制创新、商业集群创新以及国家对流通产业支持政策的创新，其中以流通业态创新研究成果居多。这一阶段流通创新理论的研究框架基本形成。

4. 第四阶段：流通创新理论发展阶段（2004～2008 年）

2004 年之后我国流通发展进入特殊时期，流通产业对外开放度提高。首先，2004 年 12 月，作为流通产业最主要部分的零售业兑现了入市承诺，对外资全面开放。外资流通企业在我国开店提速。2005 年，商务部批准设立的外资商业企业达到 1027 家，其中外商独资商业企业共 625 家，占新批准企业数量的 61%；同时在这一年内还批准了入华的外资批发企业 571 家；批准了 24 起外资在零售领域的收购案。其次，2006 年 2 月首家特许经营的外资零售企业（7-ELEVEn）进入中国②，并且获得了便利店

---

① 依据国家统计局《2000 中国统计年鉴》数据整理计算。
② 根据联商网（www.linkshop.com.cn）资料中心相关资料整理。

在华特许经营权。关于流通产业开放的各项条例和规定相继出台，进一步促进了流通开放与流通大发展。

流通开放后，流通领域的并购加剧，流通领域的竞争越来越激烈，外资流通企业在中国的扩张进入第二个黄金期，流通现代化程度在外资流通企业的竞争下大大提高，流通现代化成为流通产业发展的首要任务，且国内流通与国际贸易有融合的趋势。流通创新理论研究开始转向如何实现流通现代化，如何与国外流通企业竞争，如何提高流通产业的服务水平、创新流通渠道、并将电子商务发展研究纳入到流通创新之中，新出现的流通产业的市场培育以及流通创新与我国经济发展水平关系。与此同时，一方面随着农村经济的发展、国家对农村商业发展的支持，尤其是"万村千乡"市场工程及相关系列政策实施之后，农村流通发展加速，农村流通创新研究开始起步；另一方面，随着农产品产销矛盾进一步加强，关于农村产品流通创新的研究不断出现，主要包括我国农村流通组织创新研究和农产品流通渠道研究这两方面。流通创新理论深化与系统化是这一阶段流通创新的重点。

5. 第五阶段：流通创新形式多样化和宗旨低碳化阶段（2008～　　）

2008 年的金融危机对我国出口的影响程度较大，进一步提高了国内经济发展对内需的依赖程度，因此 2008 年对流通产业的发展又是一个关键年，机遇与风险并存。国家统计局资料显示，2009 年我国国内生产总值同比增长率 9.1%，其中资本的贡献率为 92.3%，拉动 GDP 增长 8%；最终消费对经济增长的贡献率明显提高，达到 52.5%，拉动 GDP 增长 4.6%；而外资净出口的贡献率为-44.8%，拉动 GDP 增长-3.9%。从官方统计资料来看，内需已经成为经济增长的的主要支柱（国家统计局，2010）。

2008 年以来，全球经济下行背景下，我国对外贸易受到严重影响，经济下行压力日益增加，国家"保增长、扩内需、调结构"的政策，以及各级政府出台的一系列关于扩内需、保增长的政策措施，给流通产业发展提出了新的挑战。

2008 年以来，我国流通产业在新的形式上出现了新的特征，电子商务迅猛发展。2010 年互联网交易额达到 5131 亿元，占社会消费品零售总额的比例为 3.32%，连续三年出现超过 100% 的增长；2011 年互联网交易额为 8060 亿元，占社会消费品零售总额的 4.45%；2012 年国内互联网零售市场交易额 13 205 亿元，同比增长 64.7%，占社会消费品零售总额（207 167 亿元）的 6.37%，其中，手机移动用户交易规模达到 965 亿元，同比增长 135%，增长势头迅猛①。2014 年国内互联网零售交易额达到 2.8 万亿元，同比增长 49.7%，其中手机移动购物市场交易规模达到 9297.1 亿元，增速超过 200%，达到 239.3%（艾瑞咨询，2015）。

这一阶段流通产业成为一个复杂的综合体，一个以零售批发、物流配送、住宿餐饮等为中心的商业服务业和生产服务业的综合体。流通产业规模不但增速快，而且产业组织化程度、集中度均得到明显提高；现代化程度、信息化程度突飞猛进；一批大型流通集团逐渐形成；流通产业正逐步由传统流通产业步入现代流通产业。

二、我国流通创新的内容及方向

随着我国经济发展的不断深入和经济发展水平的不断提升，流通经济的发展日新月异，流通创新在不同阶段的内容和创新方向存在明显差异。如经济发展水平较低时，产品供不应求，卖方市场条件下，流通处于从属地位，流通方式落后，流通创新的动力不足，流通创新的方向也不明确；而随着经济的不断发展，产品进入供过于求的阶段，买方市场形成，流通的地位不断上升到首要地位，产品的分销成为各个企业和产业的主要任务，流通创新的方向趋于多元化，流通创新的内容也越来越丰富。当前形势下，我国流通创新的主要内容和方向包括以下几个方面。

（一）流通创新的内容

随着经济发展水平的不断提高，流通产业衔接功能提升的必要性日益紧迫，流通产业作为第三产业的基础部分，其创新在当前国民经济中发挥

---

① 根据国研网（www.drcnet.com.cn/www/integrated）数据中心相关资料整理。

着重要的作用。流通创新具有其本身的特殊性，与一般产业创新体系有着本质的区别。一般产业创新由 4 个创新体系构成：知识创新体系、技术创新系统、知识传播系统和知识应用系统。流通创新的实质则是通过内部创新，即内部各要素的相互作用，推动流通产业以市场为基础的知识和人力资源流动、技术扩散和产业群活动，不断采用新技术，促进经营理念的创新并取得巨大的投资回报，有效地实现创新目标。流通创新的思想应该围绕两个方面进行：如何更好地实现全球化与本土化的融合以及如何实现流通产业的高信息化与高效率的融合。可以说，流通创新是产业创新的一种具体表现，流通创新的内容可以按不同标准进行分析：一方面，从流通所包含的行业出发，包括批发零售创新、物流创新与住宿餐饮业创新等；另一方面，从流通创新组织结构来看，包括流通技术创新和流通管理创新。

1. 按照流通产业所包含的行业来研究流通创新的内容

根据研究资料和数据的可得性，本书的流通产业主要包含批发零售、住宿餐饮和物流配送，因此，流通创新主要包括批发零售创新、住宿餐饮创新及物流配送创新。

批发零售创新主要包括批零业态创新、批零业信息技术创新、批零连锁制度创新、批零经营创新以及代理经销业务的综合创新等。从改革开放30 多年的经验来看，我国零售创新水平的提升在所有行业中位居前列，是流通创新的主要表现形式。零售创新推动了零售业大发展，2014 年我国社会消费品零售总额是 26 万亿元，为 1978 年的 166.8 倍（1978 年的社会零售消费品总额为 1558.7 亿元）。从零售业态的历史演进来看，西方零售业态的不断创新过程经历了独立商店、百货商店、超级市场、连锁专卖店、便利店、折扣店以及专业卖场等业态形式，耗时 100 多年[①]。而我国零售业态的不断创新经历了 20 多年的历程，完成了从独立商店到各种业

---

① 西方零售业态的演进从 1900 年的独立商店与百货商店的出现，经历了 1920 年前后的超级市场、连锁专卖店和便利店的创新形式，1940 年前后的折扣店的创新形式，到 1990～2000 年的专业卖场创新形式。时间上共 100 多年。

态店创新的过程。虽然在1900~1980年的80年中，我国零售业态一直以独立商店（即日杂百货）的形式存在，这一历史阶段几乎没有流通创新实践和理论，但我国真正的零售创新从1980年开始，先后出现了百货商店、专业店、大卖场、便利店、购物中心、超级市场、社区店、折扣店。至2000年，西方国家所有的业态，在我国零售市场已经遍地开花。因此，1980年后的零售创新是以业态创新为主要思想的创新。

住宿餐饮业创新是指在住宿业与餐饮业所进行的实践与理论创新，主要内容包括：住宿餐饮业态创新、菜点创新（主要是餐饮业）、服务模式创新、环境创新和管理模式创新。

物流配送创新的研究在国外始于20世纪30年代，伴随着物流业的发展而出现并发展。学术界对物流理论的研究不断深入，形成了越来越多的新理论。物流配送创新的内容主要包括第三方物流的发展与创新、第四方物流及其应用、绿色及生态物流业的发展模式、冷链物流的发展模式（又称为低温物流）、物流业的信息化与网络化发展策略、共同配送在实践中的应用以及物流管理模式的创新等。

2. 按照流通本身所包含的因素来研究流通创新的内容

宋则（2004）对流通创新进行了较为全面、系统的研究，本研究以宋则（2004）流通创新的研究作为基础和起点，认为流通创新包括流通技术创新（又称为流通硬技术创新）、流通管理创新（又称为流通软技术创新）和流通宏观政策创新。

第一，流通技术创新。主要包括流通信息技术创新和流通基础设施创新。流通信息技术创新是流通技术创新的主体和根本，流通基础设施创新是流通技术创新的保障，同时也是流通创新的基础。流通信息技术创新主要包括遥感技术在流通中的应用、沃尔玛采用的全球定位系统和卫星系统、商品条形码技术的普及使用及不断创新、电子订货系统（EOS）的普遍应用、POS数据读取技术的应用及不断创新、宽频带高速数字综合网络、人工智能、多媒体技术和"虚拟现实"技术等信息科技前沿的进展，推动了流通产业的大发展和流通创新的飞跃性进步。可以看出，现代信息技术和科技发展在流通产业的应用将会越来越广泛，流通产业将全面进入网络化、信息化时期。同时，流通业内业外之间的并购、连锁、跨国及跨区域经营使得流通产业对 IT 硬件、软件产品和 IT 专业服务的需求持续增长。

流通基础设施创新主要是指流通产业发展所依赖的条件，主要包括交通运输创新、电信通信创新、物流技术创新、自然资源创新、科研机构及高校的研究创新等，这些内容中的每一项对流通产业发展都发挥着不可替代的作用。流通基础设施的创新对流通创新的影响较大。

第二，流通管理创新。流通管理创新属于管理（广义概念）领域内的综合创新，管理创新是一个资源整合的过程，无论是零售批发、物流配送、电子商务，还是管理、组织、制度、政策等创新，都是一个相互交叉、相互影响、共同发展的过程，根据木桶原理，单独依靠某一方面的发展和创新是很难提升流通管理创新水平的。流通管理创新主要包括流通组织创新、流通企业管理创新、流通制度创新、流通宏观政策创新及流通观念创新，且各自之间存在内在联系，相互激励与制约。

(二) 新时期流通创新的方向：低碳化经营

改革开放以来，我国流通产业发展经历了几个阶段，从上述流通创新的历史演进不难看出，不同阶段的流通产业发展与经济发展水平密切相关，而不同阶段的流通发展水平下流通创新的重点和方向也大不相同。

改革开放初期流通创新的主要方向集中在供销社体系的创新与功能的提升；20 世纪 90 年代流通地位上升，流通产业进入大发展阶段，流通创新集中体现在流通信息化水平和流通组织职能的提升、流通业态创新以及流通现代化的实现模式等；2000 年后，随着流通产业开放程度的不断提高，流通创新的重点和思路逐步开始转向流通的国际化与本土化模式创新、流通成本节约与效率提升、流通竞争力的提升、流通信息化水平的提升与普及等方面。

随着经济综合水平的不断提升，流通产业在国民经济中的先导性地位形成。国际经济形势日趋复杂的背景下，我国流通产业的创新深度和难度不断提升，创新的复杂性越来越高。当前形势下，我国流通创新的主要思路是低碳化和降低能源消耗，提升经营效率。当今世界经济的发展主题离不开节能减排、绿色经济、低碳经济和生态经济，流通经济属于经济问题中的一部分，在创新方面应该符合全社会的经济发展规律，因此未来流通创新的重要方向和主题思路是流通经营的低碳化（或者说低碳流通、生态流通、绿色流通等），即流通产业的节能减排观念的形成。流通企业在国外企业的经验基础上，可以研发更多的环保技术和管理方式，并大规模推广采用。如2010年英国乐购与英国的生态环保技术创新公司，投资1亿英镑研发零售企业生态创新技术，以投入环保产业。2012年乐购采购并安装了智能能源管理系统（EMS系统），这一系统处于国际领先水平，包括制冷、空调、照明和电量监控等四大主要系统。通过将新型风换气系统、电子膨胀阀门以及高效电子整流器等一系列国际顶尖水平的节能设备在零售业中提前应用，从而实现了零售业系统节能技术的低能耗，包括空调、制冷设备及照明等多方面的能源消耗大幅度下降。乐购企业内部成立了节能管理中心，对全国各门店的能源消耗状况进行严格监控，有效地降低了企业经营管理中的能源消耗水平，实现了生态化经营的阶段性目标。

三、新经济背景下我国流通创新的动机

依据产业创新理论，产业创新是企业创新的最高层次和终点，是一种集成创新，包括产品创新、市场创新和技术创新等。产业创新是企业通过技术创新、产品创新、市场创新或者组合创新，突破原有企业结构的产业约束创造全新产业的过程。

流通创新源于其产业的特点，受分工、现代流通技术及消费者主导权特征等因素的影响，其创新过程具有特殊性。从整体来看，流通创新就是流通企业运用流通技术创新、市场运行创新、产品创新或者组合创新，突破原有流通企业的结构的产业约束创造全新产业格局的过程。流通创新的动力主要源于以下几个因素。

（一）分工不断深化推动流通创新

随着产业分工、产品分工与要素分工的不断深化，流通产业分工日益深化和复杂，生产与交换的专业化程度不断提高，从而提高了生产效率和交换效率。由于流通产业专业程度的提高，产品交易的环节不断增加，产业间、产品间和中间品的流通与交换规模日益扩大，流通成本占最终产品价格的比例越来越高。以快速消费品为例，由于流通成本的快速上升致使产品价格上升了47%[①]。降低流通成本需要流通创新，因此推动了流通创新，而流通创新又反过来促进了分工效率的提高和分工的进一步深化。

（二）消费需求的快速变化是流通创新的基础

任何产业的存在和发展必定为社会提供一种或者一类产品或者服务，正是由于产品和服务符合消费者在某一方面的消费习惯，满足了消费者的消费需求，这一产业才能发展壮大。流通产业地位发生了一系列的变化，主要是因为流通产业在不断满足生产与消费需求的同时，不断彰显其产业的核心地位和重要性。对于消费者来说，现代化的、便捷的流通方式，能够为其提供更加方便的购买条件和多样化的产品和服务；对于生产商来说，流通产业的发展为其产品流向终端提供了更加畅通的渠道和服务。因此，产业创新的根本动力是需求，新需求的出现会带动新产业的出现。传统产业的升级来源于新需求的推动，而传统产业的萎缩是由于没有更好地满足消费需求，而被市场抛弃。

1. 顾客导向是流通产业创新的导引器

波特认为，产品质量、性能和服务的改善是由复杂、挑剔的用户需求引发的，他列举了大量不同国家内由用户引导企业被动创新的例子。如在日本，消费者对录像机的热烈追逐，导致他们对录像机的式样和品质有了更高的要求。厂商为了获取更丰厚的利润，不断开发新产品，更新产品的

---

① 根据联商网（www.linkshop.com.cn）相关资料整理所得。

功能，提高产品的品质，不断在录像机行业开拓创新，维持了日本录像机产业在全世界范围内的核心竞争力。

流通产业向上衔接生产，向下衔接消费，其特殊地位决定了流通产业与顾客之间的互动关系，也决定了顾客需求的变化对流通产业发展创新的重要性。信息时代，对顾客需求的反应速度和准确性对企业、行业乃至产业发展至关重要，顾客不仅仅是消费者，更有可能成为产品的设计者和开发者，顾客在产品生产中的自我参与将推动流通产业的被动创新，如电子商务的发展和物流配送的快速成长；顾客需求的改变推动零售业创新，如生活服务业中洗染、沐浴浴足、家政业、修理业等的快速发展，都与顾客需求的指引作用分不开。

2. 顾客潜在需求的挖掘是主动创新的根本

各产业创新都有主动创新和被动创新之分，主动创新与需求的关系从表面看比较弱，甚至大部分人认为主动创新创造了新市场和新需求，事实上主动创新也是由消费需求的变化引起的。流通产业的主动创新主要建立在产业发展的洞察力和预见能力上，产业预见能力和洞察力主要以顾客需求为基础，挖掘顾客的潜在需求，如专业店在我国出现、百货店在我国迅速由盛转衰等的发展过程，都是顾客潜在需求发生变化引起的流通产业的相应变革。

顾客需求是流通创新的基础，因此，还应该考虑满足消费需求快速变化的各种可能条件，如资源条件和技术可能性。由于人类的需求是无穷的，任何类型的企业都不可能满足消费者的所有需求。流通创新也只能在特定时期内满足消费者的某些需求，或者说比以前更好地满足消费者的需求。

（三）流通企业间日益加剧的国际国内竞争压力是流通创新的动力

波特认为：每一个企业都是用来进行设计、生产、营销、交货以及对产品起辅助作用的各种活动的集合，不同企业都在产业价值链的各环节上竞争。流通产业属于竞争比较激烈的产业，产业内各个流通企业之间的竞争可以从两个方面推动整体产业创新。第一，流通企业通过创新投入开发新的经营模式或者产品。如果没有外资流通企业进入我国流通市场，给我国流通企业带来竞争压力，我国流通企业综合发展水平会比现在低很多。流通产业内企业普遍投入创新会促进产业业态模式进步，加速新技术在流通产业内的扩散，或者促进组织制度创新在流通产业内普遍出现，总之，会从多方面推动产业创新。第二，流通企业竞争压力促进了流通产业细分和产业重构。企业之间的竞争压力一方面会促进差异化经营，或者开拓新的经营方式；另一方面又不断突破原有流通产业的界限，向相关服务行业延伸。如日本便利店快速进入我国零售市场，导致便利店竞争加剧，不少便利店开始利用其网点优势开展增值业务，主要包括销售报纸杂志、代缴水电气费、代理快递业务等，这些增值业务已经超出了传统便利店的业务范畴，向相关服务产业延伸。国内零售市场竞争激烈的状态，使得各零售业态的业务发生了较大变化，各零售业态已经不完全单纯地属于某种业态，而是不断向交叉的中间业态方向快速发展。

（四）流通技术日新月异是流通创新的发动机

任何产业创新的周期与技术创新息息相关，荷兰经济学家杜因（J. J. V. Duijn）在《经济长波与创新》（1993 年）一书中指出，产品的生命周期存在于技术的发展过程中，产业技术创新、扩散和更迭会反映在产业的不断发展过程中。以西方零售业为例，1900 年以来，西方零售业经历了从独立商店（杂货店）、超级市场、连锁店、便利店、折扣店、专业卖场、电子商务到现代物流配送业的重大转变，每一次演进都是流通技术创新的产物。尤其是连锁、电子商务和物流配送的出现，是依托信息技术在零售业的广泛应用而形成的。

流通技术创新的主要形式为机械化、标准化和信息化，三者息息相关。以流通技术标准化为例，它主要包括条形码技术、商品编码技术、商业设备的相关标准技术以及射频识别技术（Radio Frequency Identification, RFID）等。流通领域的技术更新较快，新业态和新经营模式的出现与新技术的研发息息相关。新技术刚刚出现的阶段，一般投入成本较高，同时也会带来丰厚的利润，因而财力薄弱的小型零售企业无法进行技术更新，这样可以维护大型流通企业短时期的技术垄断收入。沃尔玛的技术创新一直是维持其世界零售霸主地位的核心竞争优势，因此流通技术创新直接推动了流通产业更迭和产业演进。

当然，流通技术创新本身并不重要，如果新的技术无法扩散或者很难实现产业化，这种技术创新对产业的影响微乎其微。但是，如果一种技术突破和创新能够被流通企业广泛应用，打造企业竞争优势，甚至能够完全取代原有的技术，提升企业经营效率，则这种技术创新对流通产业创新有较深刻的影响，可以不断诱发企业创新，而且能够诱发产业创新和产业升级。

第二节　流通创新的影响因素分析

流通是生产与消费的连接载体，一方面随生产方式转变而转变，另一方面又会推动生产方式不断转变。低级的生产方式，伴生低级的流通产业；生产方式的不断发展，也将推动流通产业向高级的方向发展。因此，大规模生产推动了大流通格局的产生，而现代化生产方式条件下，产生了现代化的流通产业；工业的不断创新和发展，是流通创新的动力和基础。与此同时，流通与生产方式影响着消费方式，消费者行为也影响着流通与生产的关系。流通处于生产与消费的中间环节，在现代经济社会中的作用和地位十分重要，流通创新关系着整个产业链的发展水平。

随着经济改革的不断深入，信息技术在流通产业中的应用进一步推进了流通产业的改革与创新。在连锁基础上，流通领域不断出现新的创新点，如零售商终端管控能力的不断提升、批发零售新业态的出现、新型商人雇佣制等。新的流通模式下，流通产业为消费者提供的服务功能不断增强，服务综合水平不断提高，为生产提供服务的能力和范围也不断拓展。

综上所述，创新及产业创新是其主体与外部因素复杂作用的结果。创新是技术发展的表现，也是人类改造自然和社会的方式，创新是其内部众多因素在不同阶段形成的表现，这些影响因素相互联系、共同作用，构成有机整体，形成技术创新系统，从而产生产业创新系统。流通创新是产业创新的一部分，影响流通创新的因素主要有内部因素和外部环境因素。在两种因素的共同作用下，形成了流通产业各行业不同程度、不同方式下的创新，以及流通领域内的硬技术创新和软技术创新。

一、影响流通创新的内部因素

内部因素包括各类流通企业、政府部门、研究机构、金融机构和教育培训机构，各类流通企业是流通创新的主体因素，其他部门和机构以多种形式对流通创新进行辅助和支持。

（一）各种类型的流通企业

从产业创新的基础研究和流通创新历史演进的相关资料中，不难看出企业是技术创新的主体。尽管从技术创新的角度来看，流通企业比制造企业要弱，但是流通企业的技术创新能力对流通创新依然发挥着举足轻重的作用，同时流通企业的业态创新、管理创新等对产业创新发挥着主导作用。在现代流通创新的过程中，有能力的各类流通企业一方面在研究队伍的建设、研究经费的投入方面充当主力军，通过培养和引进创新人才，投入资金，加大创新研究的力度和促进创新研究成果的转化；另一方面，从自身的业务实践中总结和提炼出可以通用的成果，在企业内部系统使用，并进一步改革和创新，以增强企业的竞争实力，提升企业的综合实力。在流通创新形式上，各类流通企业是主体，他们最贴近市场，既有能力和条件了解现实需求和潜在需求，又能将这些需求传递给生产企业，从而更好地实现消费需求，同时还可以创造需求。因此，流通企业是影响产业创新的根本因素。

（二）政府部门

改革开放后，我国流通产业在每个阶段不同程度的创新都与政府在产业创新过程中的功能分不开，政府对各产业创新均发挥着多种功能，政府行为影响流通创新的全过程。具体有三个功能：第一，设计功能。流通创新是随着经济发展而不断完善的系统创新活动，在初期设计时都存在问题，需要在实际运行过程中不断修正和完善，从而实现不同阶段的目标和任务。而产业或者行业的创新系统是在政府的产业或者行业创新政策的指导下进行设计的，因此，政府产业创新政策的设计是产业创新系统的基础。第二，指挥功能。政府通过政策杠杆指挥流通创新，尤其是流通自主创新。第三，协调和激励功能。流通创新过程是多主体创新过程，各创新主体之间由于目标不同，可能发生各种冲突，从而影响创新成果向产业的扩散。政府通过缓和、解决各种冲突，转化各种矛盾和不利因素，协调创新内部各主体之间的关系，使创新系统效率不断提升。同时，政府可以通过有效的政策刺激，提升各企业参与创新的积极性，从而加大流通产业的创新力度。

（三）研究机构

就我国的实际情况来看，研究机构包括高校和其他科研机构。如今知识经济时代，研究机构对创新的影响越来越明显，他们在创新过程中承担着越来越重要的责任，为创新活动提供多功能、全方位的服务，如信息服务、决策咨询服务、技术服务等。在流通创新中，研究机构的创新能力对流通创新的影响十分明显。首先，创新能力强的研究机构可以为流通创新提供创新思想，一般情况下，研究机构是创新的主体。技术、管理思想的创新是需要投入经费才能研发出来的，企业对其不感兴趣，也不愿意承担高昂的研究费用，因此这些创新一般由研究机构提供。其次，研究机构，尤其是高校，为流通创新培养人才，并提供各种培训，实际上为流通创新提供了全方位的服务。

（四）金融及其他辅助机构

流通创新与流通发展存在密切的关系，流通创新是形式，流通发展是目标，流通产业一般是通过流通创新实现产业的集约式发展与可持续发展。流通创新的过程需要资金支持，因此，不可能离开金融业而独立进行。金融渗透于产业创新的过程，通过筹资融资和资源配置等功能，成为实现流通创新的重要保障和基础。从金融与流通创新的关系来看，资金的运用方向和结构决定了流通创新的方向和产业结构的发展趋势，因此，金融及其他融资机构可以从根本上影响流通创新的方向和水平。

二、影响流通创新的外部环境因素

影响流通创新的外部环境因素主要包括国家及地区经济发展水平、产业对外开放程度、科研总体水平、法律制度和流通基础设施。流通创新的外部环境因素和内部因素相辅相成、良性循环、彼此促进，才能促进流通产业的长远发展。

（一）经济发展水平和开放程度

一个国家的经济发展水平对各个产业的影响是全方位的，对流通创新活动的影响是直接而深远的。经济发展水平高，人均收入高，人均生活水平和人均消费水平将不断提高，因此，对流通创新的需求增加，并将推动流通创新的提升。发达国家的流通产业比发展中国家的发展水平高，其中一方面原因就是发达国家的人均 GDP 高、消费者的人均消费高、政府的财政收入水平高，因此政府、企业和个人将投入更多的创新资金。从以往的研究资料和文献中，也能找到关于国家经济发展水平与产业创新之间相互影响的研究。

我国加入世界贸易组织之后，经济发展水平迅速提升。实践表明，一个国家的开放程度与其经济发展水平、产业创新等多方面有直接关系，主要原因在于开放程度高的国家有更多的机会向发达国家学习经验。加入世界贸易组织之后，我国流通产业开放程度大大提升，外资流通业（尤其是零售业）快速进入我国，给我国流通创新带来了动力、压力和经验。在不断开放的过程中，大型外资流通企业的技术创新为我国流通企业技术创新提供了资源和机会，推动我国流通企业技术、制度等多方面创新，为我国流通产业内的模仿创新提供了更多机会。

(二) 科研体制与人文环境

产业创新行为与科研体制和人文环境息息相关。我国社会主义市场经济体制的不完善，影响市场的公平竞争和诚信。我国新型的科技体制和运行机制不完善，科技管理制度与市场经济发展相脱节，科研经费的使用结构不合理，往往导致科研人员缺乏长远眼光。全社会缺乏创新氛围，尤其缺乏自主创新的文化氛围，缺乏培养创新人才和创新精神的机制，整体创新水平提升慢，这些都将影响流通产业的创新。

从科研经费的投入上来看，任何创新活动和行为都需要花费大量的时间、资金和高素质的劳动，且需要较长时间的修正，才能投入实际生产中，前期投入与产出之间经常不成比例，因此，创新活动离不开大量经费的长期支持。如果科研经费占 GDP 的总体比重较低，就无法形成创新支撑平台，创新主体的积极性会受到严重影响。因此，产业创新需要科学合理的科研体制作为保障，激励科研人员投入创新活动中。高素质的科研人员的产生与科研体制也是分不开的，因此，科研体制与人文环境是影响流通创新的外部因素。

(三) 法律制度与环境

任何创新活动的积极性与其知识产权的保护存在密切关系，知识产权在保护创新者利益的同时，可以提高其创新的积极性，并能促进技术合理、有偿地扩散和使用。我国目前的知识产权保护制度缺失，尚未建立起有利于自主知识产权产生和转移的法律环境，因此我国的自主创新积极性受到严重影响。再加上科研人员急功近利的行为，导致我国的产业发展中更多的选择模仿而不是创新。我国自主创新的风险很高，一方面面临着高投入的风险，另一方面面临着市场风险和被模仿甚至被侵占的风险。如果有健全的法律制度作为保障，自主创新成果数量会快速增长，我国流通创新的积极性也会被激发出来。从我国流通创新的成果来看，目前依然是模仿创新占主流，而自主创新的成果占总创新成果的比例很低。

（四）基础设施的状况

交通、通信等基础设施的总体水平对创新的影响是显而易见的，流通产业的发展本身对交通、通信的依赖程度很强，现代流通业的发展，例如物流业发展、零售与批发业的发展主要依靠通信技术和交通技术的发展。如果基础设施的状况较差，流通创新的层次很难提升，即使有好的创新成果，也很难推广使用。

第三节　流通创新综合水平的评价指标体系分析

流通创新水平的评价方式可以从不同的角度考察，按照马克思主义经济学的社会再生产理论，流通创新的目标是产业发展与提升，即通过创新行为促进流通产业发展方式转变。从我国目前的实际情况来看，流通产业正处于从粗放式增长发展向集约式增长发展的进程中。本书以北京、上海、武汉等流通产业发展水平较高、发展较早、且发展程度较高的国内城市，以及美国、日本等流通产业最发达的国家为背景，考虑流通发展方式的相关指标，国内学者在流通现代化、流通竞争力和区域流通力等评价指标选择方面的研究成果，以及统计年鉴的数据可得性等方面的因素，选取流通创新综合水平的评价指标。流通创新综合水平的主要评价指标包括：流通经济增长质量、流通产业结构优化程度、流通企业经济效益水平、经济增长中技术所占的份额、市场发展和生态创新能力以及资源配置状况等。因此，科学地衡量流通创新水平，需要从不同角度进行综合衡量。根据科学性原则、客观性原则、全面性原则、可行性原则（包括数据的可得性原则）以及可比性原则，本书从发展、结构、效益、生态和环境5个方面选择指标来建立流通创新综合水平的评价体系（张常勇，2011；章迪平，2010)，并根据指标体系寻找最适合的方法，如表2-1所示。

表2-1 流通创新综合水平评价指标体系

目标层	准则层	指标层	指标记号	指标计算方法
流通创新综合水平	流通增长与流通发展指标 X_1	人均社会消费品零售总额	X_{11}	$\dfrac{社会消费品零售总额}{人口总数}$
		人均流通产业年末固定资产投资额	X_{12}	$\dfrac{流通产业年末固定资产投资额}{人口总数}$
		人均流通产业营业额	X_{13}	$\dfrac{流通产业营业额}{人口总数}$
		全社会消费品零售总额增长率	X_{14}	$\dfrac{本期零售总额-上期零售总额}{上期零售总额}-1$
		城乡居民人均收入	X_{15}	$\dfrac{城乡居民总收入}{人口总数}$
		城乡居民人均消费	X_{16}	$\dfrac{城乡居民总消费}{人口总数}$
	流通结构变动指标 X_2	流通产业增加值占GDP的比重	X_{21}	$\dfrac{流通产业营业额增加值}{GDP总量}$
		流通产业增加值占第三产业增加值的比重	X_{22}	$\dfrac{流通产业营业额增加值}{第三产业增加值}$
		流通产业就业弹性系数	X_{23}	$\dfrac{流通产业劳动投入变化1\%}{流通产业增加值变化1\%}$
	流通生态发展指标 X_3	流通产业能源消耗总水平	X_{31}	流通产业能源消耗的总量
		流通产业每万元营业额所消耗的能源水平	X_{32}	$\dfrac{流通产业能源消耗总量}{流通产业营业额总水平}$
	流通效益变动指标 X_4	流通资本产出效率	X_{41}	$\dfrac{流通产业营业额增加值}{流通产业资本存量净值}$
		流通产业人均年营业额	X_{42}	$\dfrac{流通产业年销售额}{当年流通产业从业人数}$
		流通产业增加值边际倾向	X_{43}	$\dfrac{流通产业营业额增量}{GDP增量}$
	流通环境改善指标 X_5	城乡集市贸易成交额占GDP比重	X_{51}	现有统计数据
		网络购物使用比率	X_{52}	统计数据
		科研水平	X_{53}	$\dfrac{大学生总数^*}{人口总数}$
		信息技术对流通产业的支持比率**	X_{54}	流通技术投入占流通企业总投资的比例
		流通产业从业人员创新能力系数	X_{55}	$\dfrac{硕士以上学历人数}{总人数}$
		流通产业新兴行业业态增长比率	X_{56}	$\dfrac{新型业态销售增量}{流通产业销售增量}$

* 大学生人数是指大学专科以上学历的学生,包括在校生和毕业生的总和。

** 信息技术对流通产业的支持比率指标数据选取难度较大,且《中国统计年鉴》中没有相关统计。

一、流通创新综合水平评价体系的分析

从国内外关于流通创新的研究现状来看，流通创新的研究依然停留在定性研究的层面，对于流通创新的量化研究较少。希望对流通创新综合水平进行量化，能够通过数据的高低来测评流通创新的水平，从而研究流通创新对生态消费的影响。为了能够更好地对流通创新进行定量研究，本章结合现有的公开统计数据，并参考相关文献，将流通创新从 5 个方面展开分析。

(一) 流通增长与流通发展指标

流通创新的基础是流通快速增长与流通规模不断扩张，规模发展是流通创新的一种必然结果，是衡量发展水平和创新水平的基本标志。根据西方国家经济发展指标的选取原则，流通增长与流通发展指标主要包括：人均社会消费品零售总额、人均流通产业年末固定资产投资额、人均流通业营业额、全社会消费品零售总额增长率、城乡居民人均消费、城乡居民人均收入等。

(二) 流通结构变动指标

流通产业结构随产业创新和经济发展而不断转变，是现代产业创新水平的重要标志。流通产业结构的变动原因是多方面的，如需求结构变动带动产业结构的调整和流通创新出现新型产业带动产业结构调整等。结构变动指标反映的是流通创新所引起的结构优化，从而反映出来的结果，随着流通创新成果的推广，产业由粗放向集约过程的转变和调整产生的效果。该指标主要包括：流通产业增加值在 GDP 中所占的比重、流通产业增加值与工业增加值的比、流通产业从业人员在社会就业中的比重、流通产业增加值在第三产业增加值中所占的比重、流通产业就业弹性系数、外贸依存度系数等。

(三) 流通效益变动指标

效率的提高、单位投入的更高产出、计算机网络信息水平的提升、经

济发展中技术的贡献率以及有效应用这些知识和信息的制度保障安排等可以用来衡量创新水平的高低。

流通效益变动指标是从不同侧面反映流通产业生存和发展的状况、经营综合水平及管理效益的提升情况，进而反映流通创新所带来的发展方式的转变程度。该指标主要包括：从业人员劳动生产率、资本产出效率、流通产业从业人员人均年销售额、城乡集市贸易成交额在 GDP 中所占的比重等。

（四）流通生态发展指标

流通创新的总体方向是节能减排，即流通产业低碳化经营，因而单位产品的能源消耗状况可以反映流通创新在生态方面的表现，选取的指标主要包括：流通产业每万元营业额能源消耗水平和流通产业能源消耗总水平。

（五）流通环境改善指标

环境改善指标主要反映了流通产业外部因素和条件对流通创新行为的影响，包括市场规范程度、商业诚信以及环境污染状况等诸多方面的因素。结合数据可得性，所选指标包括：城乡集市贸易成交额在 GDP 中所占的比重、城镇人口占总人口的比重、互联网普及率、大学生占总人口的比例、流通产业信息化水平（流通产业中计算机网络技术支持比重）、流通产业从业人员创新能力系数及流通产业新兴行业业态增长比率等。

表 2-1 中对应指标的数据绝大部分来源于统计年鉴的对应数据，指标体系的选取尽量客观和科学，但是由于数据可得性的问题，有些指标是替换指标。

二、流通创新综合水平的评价方法分析

从历史文献来看，国内外众多学者对综合指标的评价方法主要采用了因子分析法、主成分分析法、数据包络分析法、灰色评价方法以及层次分

析法等，而各种方法对原始数据的处理方式存在较大差异，因而评价结果有时也存在较大差异。如今系统地研究流通创新综合水平的评价方面的文献很少，对研究方法的探讨也较少见，本书对流通创新综合水平的评价的主要目的是将流通创新的程度进行量化，并能进行比较。

本章结合历史文献资料及现有的研究方法的特点，采用熵权指数法评估流通创新综合水平。

（一）流通创新综合水平评价指标体系的选择

本章在选择流通创新综合水平评价指标体系时，坚持以科学、客观的态度为基础，将流通创新综合水平分为发展类指标、结构类指标、生态类指标、效益类指标和环境类指标 5 类一级指标。发展类指标主要从流通发展角度反映流通创新的能力和水平；结构类指标则是通过流通产业结构的变动来反映流通创新的能力；生态类指标是鉴于流通创新的生态化方向的考虑，通过生态类指标的变动反映流通创新水平；效益类指标是通过流通效益的高低变动反映流通创新的能力；环境类指标主要是通过流通产业发展的宏观环境的变动来反映流通创新的能力。

一方面这些指标反映流通创新的能力；另一方面，流通创新能力和水平提高后，相应的指标也会发生变动，因此两者的作用是相互的。

（二）流通创新综合指标体系权重的确定方法

通过流通创新综合指标体系的构建，来确定流通创新的综合水平，属于多指标综合评价方法。研究这类问题，最关键的是确定和合理分配各个指标的权重，并尽量避免主观因素对权重的影响。本书采用熵权指数法确定各级指标的权重，具体方法如下。

第一，评价矩阵 R 的确定。

对具体评价指标为 m 个和评价对象为 n 个的系统，可以建立多对象多指标的评价矩阵 R：

$$R = \begin{bmatrix} r_{11} & r_{12} & \cdots & r_{1m} \\ r_{21} & r_{22} & \cdots & r_{2m} \\ \vdots & \vdots & & \vdots \\ r_{n1} & r_{n2} & \cdots & r_{nm} \end{bmatrix}$$

第二，评价矩阵数据的标准化。

评价方法为无量纲化，具体思路如下所示：

$$y_i = \begin{cases} \dfrac{x_i}{\max x_i}(x \geq 0) \\ \dfrac{\max x_i + \min x_i - x_i}{\max x_i}(x < 0) \end{cases}$$

第三，计算第 j 项指标的熵值 e。

$$e_j = -k \sum_{i=1}^{m} y_{ij} \ln y_{ij}$$

式中，k 为常数，$k = \dfrac{1}{\ln m}$。

第四，确定各级评价值指标的权重。

利用熵权指数法估算各指标的权重，其本质是利用该指标信息的价值系数来计算，价值系数越高，对评价的重要性就越大（或者权重越大，对评价结果的贡献大）。

第 j 项指标的权重为

$$w_j = \frac{d_j}{\sum\limits_{i=1}^{m} d_i}$$

第五，确定流通创新综合指数评价值。

主要是采用加权算数公式计算样本的评价值：

$$U = \frac{\sum\limits_{i=1}^{n} w_i x_i}{\sum\limits_{i=1}^{n} w_i}$$

式中 U 为综合评价值，n 为指标个数，w_i 为 i 个指标的权重。显然，U 越大，样本效果越好。最终比较所有的 U 值，得出评价结论。

三、流通创新综合水平评价的实证分析

流通创新是流通领域的重要组成部分之一，也是发展流通产业的主要措施和手段。流通创新的研究在以往的历史文献中，基本限于定性研究，对于如何衡量流通创新综合水平的研究文献很少，研究方法的介绍也很少，本章采用熵权指数法对流通创新的综合水平进行定量研究，一方面探索流通创新综合水平的评价方法；另一方面为研究流通创新对生态消费形成的作用提供基础数据支持。

（一）我国流通创新①综合水平评价指标数据的收集与分析

我国流通创新综合水平评价主要采用熵权指数方法，对我国 2009 ~ 2014 年流通创新综合水平进行对比分析，以此得出我国流通创新综合水平的变化与发展趋势。

书中的数据主要来源于《中国统计年鉴》、人口普查数据、各省统计年鉴等相关公开数据资料。将上述资料根据流通创新综合水平评价指标体系结构按照不同指标进行分类整理，具体如表 2-2 至表 2-6 所示。

从表 2-2 数据来看，我国人均社会消费品零售总额、人均流通产业营业额、人均流通产业年末固定资产投资额等各项发展类指标呈现逐年迅速上升的趋势，表明我国流通产业总水平不断提高，这与近年来我国流通领域的创新能力提升是分不开的。

表 2-2　我国流通创新综合水平评价指标体系 1——流通增长与流通发展指标

项目名称	2009 年	2010 年	2011 年	2012 年	2013 年	2014 年
人均社会消费品零售总额/元	9 975.8	11 716.3	13 623.6	15 375.1	17 753.9	19 870.6
人均流通产业年末固定资产投资额/元	796.5	1 849.6	2 319.2	3 316.9	4 069.3	4 899.3

---

① 流通创新所涉及的原始数据主要来源于《中国统计年鉴》中的批发零售、住宿餐饮及物流电子商务数据的加总。

续表

项目名称	2009 年	2010 年	2011 年	2012 年	2013 年	2014 年
人均流通产业营业额/元	14 344.8	19 603.8	25 225.4	30 678.2	37 168.3	41 918.7
全社会消费品零售总额增长率/%	15.5	18.3	17.2	14.3	13.1	10.9
城乡居民人均消费增长率/%	9.1	9.8	14.1	17.1	22.4	24.5

资料来源：2009～2014 年的《中国统计年鉴》相关数据及中华人民共和国国家统计局官网已发布数据整理计算所得。

由表 2-3 不难看出，结构变动指标中的三个子指标的增长趋势明显，流通产业就业弹性系数、流通产业增加值占 GDP 的比重均增加反映流通产业对社会发展的贡献越来越大，对经济增长的贡献越来越明显。

表 2-3　我国流通创新综合水平评价指标体系 2——流通结构变动指标

项目名称	2008 年	2009 年	2010 年	2011 年	2012 年	2013 年	2014 年
流通产业增加值占 GDP 的比重/%	9.8	10.2	11.3	12.9	15.1	16.9	18.5
流通产业增加值占第三产业增加值的比重/%	24.7	25.9	27.1	28.5	30.2	32.5	35.1
流通产业就业弹性系数	1.44	1.79	1.92	1.98	2.13	2.25	2.41

资料来源：2009～2014 年的《中国统计年鉴》相关数据及中华人民共和国国家统计局官网已发布数据整理计算所得。

表 2-4 数据主要反映流通产业的能源消耗状况，即流通的生态化进程，从数据来看，我国流通生态化进程还比较缓慢，流通产业的能源消耗水平依然呈现增长态势，且每万元营业额的能源消耗水平有上升趋势。这是我国流通创新的发展方向，即生态化方向。

表 2-4　我国流通创新综合水平评价指标体系 3——流通生态发展指标

项目名称	2009 年	2010 年	2011 年	2012 年	2013 年	2014 年
流通产业能源消耗总水平/10^4 t 标准煤	30 104.10	32 895.22	34 123.34	40 070.57	48 150.66	57 162.65
流通产业每万元营业额所消耗的能源水平/t 标准煤	0.177 0	0.230 0	0.170 0	0.095 7	0.094 9	0.100 1

资料来源：2009～2014 年《中国统计年鉴》相关数据，以及商务部相关数据、连锁经营协会相关数据整理计算所得。

　　由表 2-5 所示，我国流通产业的效率效益呈现增长和快速上升趋势，流通产业平均人效提高明显，由 2009 年的 162.2 万元/人，提高到了 2014 年的 390.1 万元/人。流通产业的增加值边际倾向变动也比较明显，由 2009 年 2.2% 提高到 2014 年的 4.5%。

表 2-5　我国流通创新综合水平评价指标体系 4——流通效益变动指标

项目名称	2009 年	2010 年	2011 年	2012 年	2013 年	2014 年
流通资本产出效率/%	142.0	151.0	146.0	151.0	157.0	154.0
流通产业人均年营业额/（万元/人）	162.2	234.9	308.6	319.5	381.1	390.1
流通产业增加值边际倾向/%	2.2	2.7	3.1	3.7	4.1	4.5

资料来源：2009～2014 年的《中国统计年鉴》相关数据，以及商务部相关数据、连锁经营协会相关数据整理计算所得。

　　表 2-6 所反映的环境改善指标表明，我国网络购物使用比率自 2008 年以来明显增长，2012 年数据增长更快。2014 年我国网络购物用户已经达到了 3.1 亿人，总购买量达到 2.8 万亿元，网络渗透率超 10%，网络购物使用率达到 55.3%（艾瑞咨询，2015）。

表 2-6　我国流通创新综合水平评价指标 5——流通环境改善指标

项目名称	2008 年	2009 年	2010 年	2011 年	2012 年	2013 年	2014 年
城乡集市贸易成交额占 GDP 比重/%	2.1	1.9	2.5	2.9	3.3	3.7	4.4
网络购物使用比率/%	10.1	19.2	28.1	37.8	47.5	50.1	55.3
信息技术对流通产业的支持比率/%	26.1	30.3	34.5	40.7	43.3	45.9	50.2
流通产业新兴行业业态增长比率/%	32.0	25.0	30.0	22.0	24.0	25.0	28.0

资料来源：中国互联网络信息中心（CNNIC）发布的《第 25 次中国互联网络发展状况统计报告》中相关数据、商务部相关数据、连锁经营协会统计数据等整理计算所得。

（二）我国流通创新综合水平评价指标体系中指标层权重的确立

　　我国流通创新综合水平评价指标参照表 2-1 构建流通创新层次结构模

型，并选用层次分析法进行分析，根据专家打分构建矩阵从而计算权重，结果如表2-7所示。

表2-7　我国流通创新综合水平评价指标体系各指标的权重

目标层	准则层及记号	权重	指标层	指标记号	权重
流通创新综合水平	流通增长与流通发展指标 X_1	0.11	人均社会消费品零售总额	X_{11}	0.15
			人均流通产业年末固定资产投资额	X_{12}	0.13
			人均流通产业营业额	X_{13}	0.36
			全社会消费品零售总额增长率	X_{14}	0.07
			城乡居民人均消费增长率	X_{16}	0.29
	流通结构变动指标 X_2	0.18	流通产业增加值占GDP的比重	X_{21}	0.12
			流通产业增加值占第三产业增加值的比重	X_{22}	0.27
			流通产业就业弹性系数	X_{23}	0.61
	流通生态化指标 X_3	0.38	流通产业能源消耗总水平	X_{31}	0.20
			流通产业每万元营业额所消耗的能源水平	X_{32}	0.80
	流通效益变动指标 X_4	0.12	流通资本产出效率	X_{41}	0.33
			流通产业人均年营业额	X_{42}	0.52
			流通产业增加值边际倾向	X_{43}	0.15
	流通环境改善指标 X_5	0.21	城乡集市贸易成交额占GDP比重	X_{51}	0.08
			网络购物使用比率	X_{52}	0.29
			信息技术对流通产业的支持比率*	X_{54}	0.19
			流通产业新兴行业业态增长比率	X_{56}	0.44

资料来源：各层指标按照指定计算方法计算并整理所得。

*信息技术对流通产业的支持比率指标数据选取难度较大，且《中国统计年鉴》中没有相关统计。

（三）我国流通创新综合水平评价指标体系中原始数据的标准化（即无量纲化）

由于流通创新综合水平的评价指标体系涉及的面广且范围较大，各个指标之间的度量标准不同，不易进行比较，不能直接进行综合评价。因此，对搜集的原始数据进行同度量处理显得非常必要，本章采用直线型的无量纲化方法进行处理，其计算方法如下。

$$y_i = \begin{cases} \dfrac{x_i}{\max x_i} & (x \geq 0) \\[3mm] \dfrac{\max x_i + \min x_i - x_i}{\max x_i} & (x < 0) \end{cases}$$

运用此方法将原始数据进行处理后的结果如表2-8所示。

表2-8　我国2009~2014年流通创新综合水平评价指标体系各指标原始数据无量纲化结果

二级指标	2009 年	2010 年	2011 年	2012 年	2013 年	2014 年
X₁₁	0.428 1	0.496 1	0.638 5	0.732 2	0.860 0	1.000 0
X₁₂	0.058 7	0.125 2	0.177 1	0.343 4	0.797 5	1.000 0
X₁₃	0.350 1	0.366 7	0.582 5	0.568 7	0.777 1	1.000 0
X₁₄	0.470 4	0.585 4	1.000 0	0.540 1	0.637 6	0.599 3
X₁₆	0.707 5	1.000 0	0.863 9	0.619 0	0.666 7	0.959 2
X₂₁	0.736 4	0.728 7	0.759 7	0.790 7	0.876 0	1.000 0
X₂₂	0.838 6	0.824 6	0.866 7	0.908 8	0.950 9	1.000 0
X₂₃	0.449 5	0.515 2	0.727 3	0.904 0	0.969 7	1.000 0
X₃₁	0.706 4	0.633 2	0.839 6	0.882 2	0.964 0	1.000 0
X₃₂	0.739 1	0.869 6	0.652 2	0.769 6	1.000 0	0.739 1
X₄₁	0.794 7	0.907 3	0.960 3	0.940 4	1.000 0	0.966 9
X₄₂	0.363 9	0.418 0	0.548 3	0.525 6	0.761 2	1.000 0
X₄₃	0.354 8	0.483 9	0.741 9	0.709 7	0.871 0	1.000 0
X₅₁	0.213 8	0.586 2	0.724 1	0.655 2	0.862 1	1.000 0
X₅₂	0.119 0	0.206 3	0.267 2	0.507 9	0.743 4	1.000 0
X₅₄	0.297 3	0.493 9	0.641 3	0.744 5	0.847 7	1.000 0
X₅₆	0.656 3	0.843 8	1.000 0	0.781 3	0.937 5	0.687 5

资料来源：根据原始数据和计算方法计算整理所得。

（四）我国流通创新综合水平计算结果

综合以上指标数据，根据公式 $U = \dfrac{\sum\limits_{i=1}^{n} w_i x_i}{\sum\limits_{i=1}^{n} w_i}$，分别计算2009~2014年

的流通创新综合水平评价指数，具体如表 2-9、表 2-10 所示。

表 2-9 我国 2009～2014 流通创新综合水平评价类指标的指数值

项目名称	2009 年	2010 年	2011 年	2012 年	2013 年	2014 年
流通增长与流通发展指标	0.436 0	0.553 7	0.649 0	0.576 5	0.750 4	0.960 1
流通结构变动指标	0.589 0	0.624 4	0.768 8	0.891 7	0.953 4	1.000 0
流通生态发展指标	0.732 6	0.822 3	0.689 7	0.792 1	0.992 8	0.791 3
流通效益变动指标	0.501 2	0.584 5	0.705 9	0.683 0	0.847 8	0.979 1
流通环境改善指标	0.393 9	0.566 9	0.690 9	0.677 5	0.849 6	0.852 5

表 2-10 我国 2009～2014 年的流通创新综合水平评价总指数值

项目名称	2009 年	2010 年	2011 年	2012 年	2013 年	2014 年
流通创新综合水平总指数	0.632 0	0.644 0	0.655 0	0.742 4	0.903 1	0.874 3

（五）我国流通创新态势及综合水平的评价分析

随着流通产业的不断发展，流通创新的层次、方式和手段越来越明显，流通创新的方向随着宏观经济的变化而变化。在低碳经济和节能减排的宏观经济环境中，流通创新的主要任务是降低流通产业的能源消耗，促使流通方式、流通制度、流通组织、流通业态等多方面协同创新。在流通创新中，城市流通业创新综合水平和程度比农村流通业要高，城乡之间存在明显创新差异；不同地区之间的流通创新综合水平差异明显；不同流通企业主体的创新综合水平差异明显；零售批发、住宿餐饮、电子商务、物流配送等行业之间的创新水平也存在较大的差异。由于数据的可得性、研究方法以及研究成员研究水平的限制，本章中流通创新的有些问题仍只能通过定性描述来研究。

从研究中的相关数据来看，我国流通创新综合水平评价值总体呈现上升的趋势，基本上可以判断，我国流通创新的总体能力不断增强。这一增长趋势是多种因素影响的结果，如我国流通领域多种政策支持、流通技术水平的不断提升、低碳流通理念的促进等。本章主要从两大方面进行详细分析。

1. 从 2009 ~ 2014 年我国流通创新综合水平指数值（表 2-9）看我国流通创新

我国流通创新综合水平指数值中的一级指标代表了流通增长与发展、流通结构变动、流通生态发展、流通效益变动与流通环境改善 5 个系统在 2009 ~ 2014 年的不同变化趋势，每个系统的变化均影响流通创新的最终结果，5 个系统协同创新，相互影响、相互促进。流通创新综合水平指数值越大表示流通创新综合水平越高。

由表 2-9 中相应数据来看，各项指标基本呈现逐年上升的趋势，尤其是流通结构变动指标增长幅度最大，由 2009 年的 0.5890 增长到 2014 年 1.0000，增长了 69.8%；流通生态发展指标值的变动总体呈现增长趋势，但是有些年份有回落，如 2011 年较 2010 年有回落，2014 年较 2013 年有回落，而 2014 年的相应数据达到了 0.9928，接近 1.0000，总体水平较高；流通效益变动指标总体增长趋势明显，但是 2011 年较 2010 年水平值有所下降；5 类指标中有 4 类指标的数值在 2009 年有明显回落，这一现象与 2008 年的金融危机存在一定关系。

上述指标值的变化与国内经济形势、流通产业内各项政策及产业发展有紧密关系，同时也反映了流通产业内创新与发展的基本情况。流通产业的生态化创新方向越来越受到行业内外的关注和重视，政府出台了相应的政策进行引导和支持，各企业开始进入生态化创新的阶段，甚至有些企业已经率先进入生态化经营和低碳经营的阶段。从总体上看，流通的发展方式自 2010 年开始向集约式发展方式转变，主要依靠流通方式创新、流通技术创新、流通组织创新以及流通业态创新等活动推动各类指标的提升。从我国流通产业的发展策略与手段上看，流通产业发展逐步开始从依靠物质资本转向依托技术创新和服务创新。从流通发展的最终目标来看，我国流通发展开始从扩张规模转向提升总体效益策略，主要是人均坪效与人均地效的提升；逐步开始重视单位营业额的能源消耗问题，走节能减排的发展道路。

2. 从 2009～2014 年我国流通创新综合水平总指数（表 2-10）看我国流通创新综合水平发展变化

从最终的评价指标值来看，2009 年以来我国流通创新综合水平平稳增长，且增长速度较快。2014 年回落了 3.29%，这一回落具有一定的偶然性，而 2009～2013 年从 0.6320 增长到 0.9031，增幅 42.9%。这种明显的增幅说明我国流通创新综合水平大幅度提升。从我国流通产业的发展实践来看，我国自 2010 年以来对流通领域的能源消耗的关注度不断提高，如 2008 年国家商务部出台《商品零售场所塑料购物袋有偿使用管理办法》（即限塑令）、2009 年国家出台了以旧换新政策。推行和实施以旧换新政策的最初目的是促进内需，在实践中发现以旧换新政策有助于降低流通领域以及生产领域的能源消耗水平，同时提高能源的利用效率，起到了节能减排的作用。

同时，我国流通创新还通过流通领域内资源利用效率的提升，逐步实现集约型能源耗费模式，如我国零售业、餐饮业的扩张已经不再是单纯的店铺规模增加，而开始转向集约式提升效率的方式。近年来，国家为了鼓励流通领域的节能减排行动，通过政府补贴的方式推动流通产业内各类企业进行低碳经营，如政府承诺零售企业等更换节能灯，政府给予节能灯价格一半的补贴；重庆市政府给物流、零售、住宿餐饮等企业以节能设备购买价格的 40% 的补贴，运用相应的政策鼓励零售企业创新经营，只要是低碳经营方面的创新，政府给予财政补贴。这些政府补贴政策一方面鼓励企业参与节能行为，一方面鼓励企业进行低碳经营创新，对流通创新综合水平总指数的提升有较大作用。

除此之外，流通创新综合水平总指数的提升与流通产业内部创新选择存在较大关系。流通产业内的竞争加剧了流通创新，2004 年以来，我国流通产业内的竞争逐步加剧；2006 年以来城市内流通产业的现代化水平不断提升，企业之间的竞争不断加剧，尤其如零售业、住宿餐饮、物流配送等流通企业要想生存并寻求更好的发展，创新是必选之路，不创新等于选择死亡。因此，流通企业开始进入急速创新期，零售企业开始触网，线上线下同步运营；企业之间的收购兼并也成为企业创新的一种方式和选择；走低碳化经营，开低碳超市或者低碳商场，也是创新之一。一系列的创新行为均推动了流通创新综合水平总指数的提升。

尽管如此，从世界各国的流通产业发展状况来看，其流通创新综合水平与生产制造业相比，仍然处于较低水平，因此，流通创新是一个长期的战略。

第三章 生态消费评价体系与我国 居民能源消耗水平的分析

第一节 生态消费基本理论的综合分析

生态消费是继适度消费、绿色消费、可持续消费观念之后的又一种新的消费模式，与适度消费、绿色消费及可持续消费既有相似之处，也有明显的差别。生态消费的出现是低碳经济在消费领域的体现与实践。自1992年联合国环境与发展大会之后，可持续发展逐渐成为世界各国经济发展的战略目标，人口、环境、资源及经济的协调发展成为一条必经之路。近年来，可持续发展相关研究已经成为热门选题，生产、流通与消费之间息息相关，是经济发展的主要因素，没有可持续发展的生产、流通及消费模式，就没有可持续发展的经济模式和发展道路。对此，《里约环境与发展宣言》明确指出："为了实现持续发展和提高所有人的生活质量，各国应减少和消除不能持续的生产和消费模式和倡导适当的人口政策。"（中国环境报社，1992）联合国的《21世纪议程》指出："全球环境持续恶化的主要原因是不可持续的消费和生产形态，尤其是在工业化国家。"《国际清洁生产宣言》也指出："我们认识到实现可持续发展是共同的责任。保护地球环境必须实施并不断改进可持续生产和消费的实践。"

从以往（尤其是20世纪以来）对低碳经济和可持续发展的研究来看，经济学和其他学科的研究起点是生产，而对消费和流通领域的研究较少。事实上，生产、流通与消费是支撑经济发展的三根支柱，没有流通，生产与消费很难实现其价值与使用价值，同样没有消费，生产和流通失去了存在的意义。从宏观经济角度来看，消费是生产和流通的目的。在这个商品交换（流通）的过程中，人类必须控制对自然资源的索取和废弃物的排放，即无论是消费量还是废物排放量都应该控制在自然界的承受范围内，这是可持续发展思想的具体体现。而这些研究的起点和终点是消费，因此，对生态消费的研究也属于寻求一条从消费角度实现可持续发展道路的实践研究。

随着改革开放的不断深入和经济快速发展，再加上我国庞大的人口基数（总人口占世界人口的20%），我国已经成为全世界资源负担最大的国家，而收入水平处于全球中低水平。从相关专家的研究成果中可以看出，中国已经步入严重的"环境资源贫困与饥荒"时代。随着我国人口的增加和产业的快速发展，环境质量正在全面加速恶化。我国的经济发展走向了一条发展—污染—治理的高成本道路，从目前的治理方式和策略来看，我国的污染治理水平和速度远远低于污染的水平和速度。从世界范围来看，人类消费破坏了生态环境的本金、利息和原有的资本，即世界的生态赤字正在逐步增大（张贡生，2004：24-26）。这样的自然经济条件下，生态消费是支撑可持续发展的支柱之一，是实现可持续发展的条件和保障。因此，可以说，系统研究生态消费问题是可持续发展现实提出的紧迫性要求。

本书研究生态消费是为构建流通创新与生态消费之间的相互作用关系，从流通创新视角研究生态消费体系构建问题，这将会突破原有生态消费的研究框架和消费经济学研究的局限性；同时，站在生态与低碳的角度研究流通与消费的相互促进关系，通过流通创新行为促进生态消费的发展，寻求更全面的人与自然和谐发展的新方式。本章对生态消费的研究，是为构建流通创新与生态消费关系奠定基础。

一、生态消费

将生态学理论研究引入消费领域始于20世纪70年代。此后的研究进程中，不同学者和专家对生态消费的提法和界定各不相同，可以说，生态消费至今没有一个统一的、规范的界定。为了更好地研究生态消费的相关问题，对生态消费的界定进行较为系统的研究十分必要。

（一）生态消费的界定

我国提出生态消费问题始于 1994 年发布的《中国 21 世纪议程》，《议程》中提到："中国只能根据自己的国情，逐步形成一套低消耗的生产体系和适度消费的生活体系，使人民生活以一种积极、合理的消费模式步入小康阶段。"从此我国学者开始从各个角度研究生态消费的相关问题，而在此进程中，对生态消费概念的界定主要有以下几种视角。

1. 从生态需要的视角

张剑春（2000）认为："生态消费是指人的生态需求的满足与实现，其中生态需求是一种符合生态平衡关系的需求，是人类自身发展过程为实现生态平衡而创造的一种需求。"曾坤生（1999）将生态消费定义为人的生态需求的不断满足与实现的过程。

2. 从重要性的视角

尹世杰（1999）认为："生态消费是人们最基本、最重要的消费。"同时，他认为生态消费是适应经济发展和推动新的消费模式实现的目标。刘新新则提出生态消费是一种以人、自然和社会和谐统一为基础的高层次理性消费，其消费方式和内容符合生态系统运行的基本要求，消费水平控制在自然生态正常演化限度之内，消费过程有利于环境保护，是有助于消费者健康的一种规模适度、自觉调控的消费模式，是一种可持续的消费方式（刘新新，2004：22-35）。

3. 从生态学及生态伦理学的视角

从生态学角度进行研究的主要有陶伟军、胡江和柏建华等，这些研究中的生态消费的客体主要是消费资料，不包括生产资料。陶伟军等（1999）认为生态消费是指人们消费的商品和服务符合环境保护标准和生态平衡要求。胡江（1999）则认为生态消费是指消费的内容、方式应该符合整个生态系统的要求，有利于环保，对消费者的健康有一定帮助，并且能够为可持续发展做出必要的贡献。柏建华（2006）从绿化或者生态化消费模式的角度来界定生态消费，认为生态消费应该既符合物质生产发展的需要，又符合生态生产的发展水平，是消费者在消费过程中寻找的一种既能满足消费需求又不会污染、破坏和危害环境的消费方式和行为。

从生态伦理学角度进行研究的主要包括李贯歧和王夏泽。李贯歧（2003）认为生态消费是不以牺牲自然生态为代价的消费，既要满足人类正常、合理和适度的物质和精神消费需求，同时要满足自然生态发展的需要。王夏泽则认为生态消费观就是人类的物质需求和精神需求应该得到充分的实现和发展，但首先必须确保自然环境不受破坏。

这些研究都属于较早对生态消费概念进行研究的文献，除此之外，还有不少学者和专家对生态消费的概念进行过不尽相同的界定，但是与上述界定有较多相似之处。总结以往的文献，对生态消费界定的内容可以归纳为以下几个方面：

第一，当前形势下，尤其是世界各国发展低碳经济的背景下，生态消费是人类的一种高层次的理性消费，同时越来越成为一种最基本、最重要的消费方式。

第二，生态消费是满足人类生态需要的一种必然选择。

第三，生态消费是建立在人—自然—环境—资源—社会的和谐基础上的一种消费观念，是人类消费与自然和谐的必然选择。

（二）本书对生态消费概念的界定

从历史文献来看，对生态消费的研究时间较短暂，国内外关于生态消费的研究仍处于探索阶段，对生态消费的界定依然没有一个比较权威的说法。本书以历史文献为基础，对生态消费进行科学合理的界定：首先考察"消费"与"生态"的原初含义，其次研究人类消费行为和活动特点，并以此为基础分析生态消费的概念。

关于"消费"的含义，可以从经济学、社会学、物理学等不同学科、不同角度来定义。从经济学视角来看，消费是一个经历和过程，可以说是消费者"耗费"物品和服务的过程，是同生产和流通构成经济整体的必要部分。从生态学的角度来看，消费意味着人类作为大自然的一部分，通过吸收（自然的和加工的产品，其中绝大部分是绿色植物）而得到营养，并获得能量的过程，并以此过程为基础得到人类的自我发展。

1977年，英国皇家社会科学研究院和联合国国际科学理事会发表了一个关于消费的联合声明，声明中指出："消费是人类在自然物质和能量之间改变的手段，是实现使物质和能量尽可能达到可利用的限度，并使对生态系统产生的负面效应最小，从而不威胁人类的健康、福利和其他人类相关的方面。"（周梅华，2001）这一描述较早站在生态学角度来分析消费概念，体现了消费的回归伦理，并将消费纳入到生态系统观念中来考察，从中能体会到天人合一的自然生态观念。这一定义把物质、能源、信息和人类放置于统一的框架中进行分析，完成了消费在多方面如生物物理、生态、社会等系统中的统一。

查阅《辞海》，生态是指生物及其环境之间的关系的整体或者模式（现代汉语辞海编委会，2002：1043）。根据《现代汉语词典》的解释，生态是生物在一定的自然环境条件下生存和发展的状态（中国社会科学院语言研究所词典编辑室，1997：1130）。在生态概念中，"生"是指动植物、微生物及人等一切生命现象；"态"是指状态、形态。换句话说，生态就是生命存在的状况，包括生命现象本身的情况，也包括生命现象与其环境的关系，因为任何生命现象都无法独立存在，都会受到环境的影响。任何生命现象都本能地要求保存生命，但是是否能保存生命取决于其与环境关系的和谐程度。

将消费行为纳入到生态学中进行研究就会发现，人类是整个生态系统中的一个具有特殊能力的群体，其生态过程和消费密切相关，人类的消费过程是人类通过消费参与生态系统物质能量和信息流动的过程，因此，人类的消费是生态系统的能量流、物质流和信息流中的一部分。

通过以上分析，本书认为广义的生态消费是指生态系统中的"生物"对生态资源消耗的过程，这个消耗过程包括直接消耗和间接消耗两种，间接消耗包括通过工业生产和消费而产生的产品及服务。

人类有不同于其他生物的特殊性，如人类可以有目的地主动参与生态系统的各项活动，甚至干预生态系统的各个方面，因此，人类的消费远远超越了动物的消费，动物的消费比人类消费简单和单纯很多。人类除了具有动物消费的本能特征之外，还具有社会属性，这种消费的社会性表现在：人类在满足自身消费的同时，还应该考虑他人及其他生物的消费，或者说人类的消费过程是一种权利，更是一种责任。每个人在充分享受个人消费权利的同时，更应该考虑在消费过程中应该承担的社会责任和使命。

从实践过程来看，人类在消费过程中应该承担的社会责任主要体现在消费活动中，应该自觉考虑其消费行为对地球生态系统的损毁程度，或者给地球生态系统带来的压力，这是动物消费与人类消费的一个重要区别。人类的每个消费都必须对自然生态环境及社会生态环境担负责任，这样才能维持消费过程的可持续，保持生态系统在消费过程中的平衡，而免于被破坏。

因此，本书关于生态消费的狭义理解可以表述为：人类以可持续的方式对生态资源和物质及以此为原料而生产的一切产品和服务的消耗均建立在生态规律的基础之上。即人类如果想长期地消耗资源和物质，必须以一种可持续的方式进行消耗，这一消耗的基础是遵守生态规律。具体而言，生态消费将环境保护和资源节约要素纳入消费方式的框架中，是一种倡导适度的消费规模、适应经济发展水平和收入水平的消费层次以及合理的消费结构和健康、科学的消费行为，并强调流通企业在建立生态消费模式中的重要作用，即各类流通企业应该正确引导消费者购买环境友好型商品和服务，优先购买那些有环保标志（生态标志）的产品，既保护环境，又节约资源，同时也有利于消费者身心健康的消费方式和消费过程。

无论是广义的生态消费，还是狭义的生态消费，其定义的基础主要是整个生态系统，并以生态消费者为主体进行界定。本书主要是以狭义的生态消费界定作为整体研究基础。同时，从消费经济学理论出发，生态消费可以分为生态生产消费和生态生活消费两种，本书的研究对象为生态生活消费，仅探讨消费者的生活消费如何实现生态消费，并站在流通创新的角度来看生态消费形成的过程。

从狭义的生态消费概念来看，生态消费包括四个层面的含义：

第一，生态消费应该从动态范畴来看，即生态消费强调的是消费者、自然和社会和谐一致，追求消费在时间、空间和人之间的三位一体和公平。

第二，生态消费涉及生态学、消费经济学、消费行为学、经济学等多个学科的相关问题，因此生态消费应该遵守多个学科所反映的规律，主要包括生态规律、经济规律、消费规律及社会发展的规律等。

第三，生态消费是消费过程和消费行为的一种方向性改变，这种改变是在资源短缺与消费增长的矛盾中寻求的人类发展与自然生态环境的平衡点，即通过消费方向的改变，最终能够协调人的需求无限与生态资源有限之间的矛盾，能够让人类的发展与进步得到自然资源与环境的可持续的、永久性的支撑。

第四，生态消费提出需求满足与需求限制同样重要，限制需求不是取消需求，也并非取消人类需求的满足，而是强调在对基本需求满足的同时限制不正当的需求，限制浪费和大肆挥霍类型的需求，更要限制破坏生态资源的各种消费需求，提出人类需求满足的可持续性，要求人类需求的满足与生态资源的保护同步进行。这是可持续经济发展在消费领域的一种体现，也是未来消费需求必须要走的道路。

二、生态消费的特征

从生态消费的概念界定中能够看出生态消费是人类在经济社会快速发展过程中，过度使用和浪费资源，致使生态平衡遭到严重破坏后所提出的一种全新的消费观念，是可持续发展在消费领域的一种表现和延伸。与传统的消费相比，具有其自身的独特性，主要体现在以下几个方面。

(一) 以"生态人"假设为研究前提

生态消费打破了经济学的"理性人"假设，建立自己的"生态人"假设前提。西方经济学体系是基于"理性人"假设构建的理论和制度框架，消费经济学属于西方经济学的一个分支，其假设前提也是"理性人"，而"理性人"在消费过程中追求效用最大化。

当今世界，人口不断增长和经济快速发展，对资源的需求也不断增长，资源的有限性日益凸现出来，消费者如果遵照经济学"理性人"的前提假设，依然追求效用满足的最大化，将不能适应可持续发展模式的要求，也将会导致资源迅速枯竭而不能满足人类的需要。因此，生态消费理论依托生态经济学的假设，将突破传统消费经济学"理性人"的假设，构建生态消费学体系下的"生态人"假设。中国社会科学院城市发展与环境研究所的徐嵩龄曾经提出过"理性生态人"的前提假设，他认为："在当代，严峻的环境问题，说到底基本上都是生态问题。我们可以将生态理解为生命存续的状态。"（黄志斌，2004：76）

本书以此作为研究基础，并认为"生态人"在消费过程中的生态伦理修养较好，能严格遵守生态规律而进行相应的消费活动，在协调人与自然界的关系时担负起主要的生态责任。换句话说，人本身的一切行为将与自然万物保持和谐一致。更重要的是"生态人"要保护自然生态系统中各种因素的统一协调、和谐发展，这种责任的履行程度决定了自然界和人类自身协调发展的长期性和稳定性。这种观点已经成为世界各国可持续发展施政的基本理论和政策指导之一，同时也逐渐成为生态消费行为论的重要构成和理论支撑。

（二）生态消费的研究以形成"生命-生态"双向互利的思想为基础

以往传统的发展模式为"高生产—高消费—高污染"，这一消费模式使人类与自然之间的平衡关系彻底打破之后，人类面临能源和资源枯竭、消费环境急剧恶化的后果。人类开始关注自然环境的恶化，认识到保护环境的重要性和必要性，传统的发展模式开始变革，以求人类的生产生活和自然生物圈之间相互协调，使自身的发展长久稳定，因此开始建立"生命-生态"的双向互利发展模式（姚永利，2007：29）。

"生命-生态"双向互利的发展模式主要是指既关注人类需求的满足和经济发展，又关注生态系统的健康性和稳定性；既要更好地满足人类的需求，又要保护生态系统的平衡，至少不会因为人类需求满足而造成对生态系统的破坏，最终形成一种社会经济活动与生态系统之间共同发展、协调发展的理念和思维方法。

生态消费是以"生命-生态"双向互利为基础的消费观念，在承认人类为追求自身需求满足的同时，将生态问题作为一种客观的、必然的前提条件，纳入到消费中来考虑，并使这种思维方法成为指导和支配人类消费活动和其他经济实践活动的基本导向性因素。

（三）生态消费的目标是经济可持续发展

《里约环境与发展宣言》原则五明确指出：要想实现人类的可持续发展，各国都应该减少不可持续的生产和消费方式。《21世纪议程》中也强调：人类环境不断恶化的主要原因是不可持续发展的生产方式和消费方式。因此，可持续发展与生态消费之间关系紧密。而可持续发展的根本是自然与人的关系，同时涉及经济增长方式的问题，从目前我国的经济增长来看，基本依靠国内消费作为主要增长动力。为此，生态消费所要追求的经济目标是时空等多方面消耗的公平性，也是为了实现人、自然、资源之间共同的、可持续的发展。

（四）满足人在生态方面的需要是生态消费真正的内在动力和发展的前提

消费是满足人的需要的一种过程，生态消费也就是满足人在生态产品方面的需要的一种行为过程，而随着社会经济的不断发展和人类消费意识的不断转变，人类的消费行为越来越多地考虑生态平衡问题，生态需要将成为人类最基本的需要。人类对生态产品的需要和对其他类产品的需要一样，但是对生态产品的需要由被动变为主动，通过流通创新活动在生态领域的表现，引导人类消费中对生态产品的选择，并尽量自发参与生态产品的开发与推广，使人类消费满足的同时，与自然和谐相处。

三、生态消费、绿色消费及适度消费之间的联系与区别

工业社会的工业文明与生态社会的生态文明有着本质的区别，而传统的工业文明向现代生态文明的过渡是社会发展的必然趋势，也是人类文明变革的重要转折点。事实上，在生态文明体系下的生态消费概念出现之前，已经有较多的学者和专家研究了适度消费、绿色消费以及可持续消费，并对其进行了比较严谨的界定，从以往的研究文献中可以看出，对适度消费、绿色消费和可持续消费的概念已经形成一种共识。而本书的研究主要在生态经济学和生态伦理学向消费经济学延伸的背景下，基于流通功能创新来研究生态消费对日益恶化的生态环境的作用和功能。由此看来，研究生态消费比绿色消费、可持续消费等更有利于解决环境污染在消费领域的系列问题。从理论与实践的角度来看，生态消费比绿色消费、适度消费以及可持续消费有更科学和深刻的含义。

（一）生态消费与适度消费的异同点

适度消费的研究比生态消费早 10 年左右，从文献资料得知，我国适度消费的研究起源于 1984 年，而生态消费的研究起源于 1994 年。适度消费是针对我国过度消费现象提出来的，关于适度消费的概念，学术界仍没有形成一个规范统一的概念，但是一般都认为适度消费主要是指消费水平应该与国民经济增长以及劳动生产率增长速度之间保持一致，消费质量与数量上的提升应该与一国国内生产与经济总体水平基本相适应，又称为同步型消费。因此，适度消费强调的是资源、生产力水平与消费水平的一致，是相对于过分节俭型与奢侈浪费型消费而言的。从另一个角度来看，适度消费是一个动态概念，即在不同经济发展水平与能源状态下，适度消费的规模和数量是不同的；同时，它是一个寻求消费均衡的概念，既不强调节约吝啬，也不赞同毫无节制的浪费型消费。

对适度消费的界定可以归结为两个方面：

第一，适度消费应该符合生理、经济与社会三个标准。具体来说，生

理标准是指人们的消费首先要满足生活等基本要求，也就是说消费本身是客观存在的。经济标准是指消费力要与国家经济和生产水平一致，包括宏观和微观两个方面。社会标准即是指消费要符合伦理需要。

第二，适度消费中的"度"如何确定，即判断消费与经济发展是否一致，具体来说用消费与积累的比例、消费水平的提高比率与国民收入增长率之间的比例以及消费与物价的比例等指标来衡量。根据消费"度"的确定标准，就可以预测社会消费是否适度，从而确定当前消费是属于消费不足、消费过度，还是消费适度。

结合对生态消费的分析可以看出，生态消费强调的是人与自然的和谐发展，能源的节约、环境保护及消费的满足之间的一致性；同时也注重生态消费主体的培育和生态产品的生产，是一个系统的概念，又是一种消费原理。而适度消费仅仅考虑了消费"量"的问题，忽略了消费"质"的问题，即消费与经济发展相对比有没有超前或者落后的问题。如果有消费者消费的商品是靠污染环境而生产的产品，只要这种消费量没有超越经济发展水平，也算适度消费。

（二）生态消费与绿色消费①的异同分析

绿色消费的研究始于 1970 年左右，主要是关于生态型消费者的研究，研究的主体思路是为人类消费提出环境保护的思想，或者说勾勒出关心环保的特殊人群的一些特征（Polanski et al.，1995）。《绿色消费者指南》一书于 1987 年第一次提出了关于绿色消费的思路。在过去 30 多年的时间里，不少学者先后开始研究绿色消费问题。绿色消费的概念中大多强调的是消费产品是否属于绿色产品，如《绿色消费指南》中，作者认为是否

---

① 绿色消费始于 20 世纪 80 年代后半期的英国的"绿色消费运动"，这一运动在英国广泛开展，并对欧美国家产生较为深刻的影响。这个运动主要是号召消费者购买有益于环境的各类商品，以此促进和引导生产者转向环保产品。运动的核心思想是先进的消费者带动生产者，消费领域影响生产领域。许多市民愿意参与这项运动，表示愿意购买绿色产品，甚至愿意支付较高的价格购买有利于环境保护的产品，并愿意为那些生产环境保护商品的厂商免费宣传。

属于绿色消费，应该以消费者在消费过程中选择购买产品的绿色标准作为判断的主要依据，换句话来说，如果是绿色消费则不应该购买具有如下特征的产品：①消费过程中可能对自己或者他人身体健康造成一定危害；②在生产、消费新商品或者回收处理废旧商品的过程中会造成环境污染或者造成对环境的损害；③生产与消费新商品，或者回收处理废旧商品过程中，能源消耗水平较高；④过度包装的商品，或者那些生命周期短、废旧商品处理难度大的商品，因为这类商品的使用会造成浪费；⑤濒临灭绝的动植物及以濒临灭绝的动植物为原料生产的商品；⑥对发展中国家，或者其他国家发展的环境造成不利影响的产品。这仅仅是一个关于绿色消费的内容和范围，还不能算一个规范而严谨的定义。

结合上述关于绿色消费的描述，参考多位国内外学者关于绿色消费的研究，国际上一般比较认同的绿色消费为 5R 原则：①能源节约，尽可能减少污染；②环保选购，绿色生活；③倡导多次重复使用，尽量避免使用一次性商品；④提倡废旧物品分类回收，发展循环经济；⑤商品生产和消费以环境保护为前提。

结合绿色消费的概念及相关研究资料，并以绿色消费的实践为基础，绿色消费仍指向产品，是绿色产品及绿色资源配置关系所决定的绿色产品与个人消费。换句话说，绿色消费的重点是看消费者的消费对象是否具有环保特征。借由绿色消费概念的提出，倡导消费者多消费环境型产品，实际目的在于通过引导消费者积极消费绿色产品，鼓励绿色产品的生产积极性，最终实现环境保护。

同适度消费相比，绿色消费模式是一种进步，开始关注环境保护，但与生态消费模式相比，依然存在较多的不足。第一，绿色消费关注的是产品对人体是否有害，以及生产、流通与消费过程是否能优先考虑环境保护；但是绿色消费却没有考虑消费量是否合理，是否超过了环境资源所能承载的能力，消费的产品功能是否符合生理需要。因此，可以说，绿色消费并没有考虑过度消费的问题，或者说绿色消费问题更多的强调了消费的"质"而没有考虑消费"量"的影响。从绿色消费模式来看，如果人们在消费的过程中，只要是消费了绿色产品，即便是过量消费，也意味着更好的生活质量和健康的生活消费方式。第二，绿色消费没有将消费的公正性纳入到其研究框架中。因为绿色消费强调消费者是否消费了绿色商品，在消费过程中有没有考虑到环境保护问题，所以并没有体现人类与其他物种之间消费过程的公平性，同时忽略了其他物种与人类之间的生存权的分配问题。绿色消费将人作为消费的主体，而将其他物种作为人类消费对象来考虑，这本身是一种生态伦理的缺失。

由此可以看出，本书中的生态消费是生态伦理在消费领域的价值反映，这样才能更好地实现人与自然之间的和谐发展。实际上绿色消费的含义是生态消费的一个部分，生态消费是绿色消费的扩张、发展和完善。因此，生态消费替代绿色消费模式，是时代的进步。

（三）生态消费与可持续消费的异同点

可持续消费是可持续发展在消费领域的实践，最早的研究可追溯至1992 年，在巴西里约热内卢举行的联合国环境与发展大会制定的《21 世纪议程》中提到了可持续消费问题。《议程》中指出，不可持续的生产与消费方式致使全球环境急剧退化，要想使我们能继续生产与消费，更深入地了解消费的功能和方式，形成可持续的消费模式是十分必要的（联合国，1993：23）。

而可持续消费定义最早是在《可持续消费的政策因素》（1994 年）中提出来的，可持续消费是指：在满足人类基本需要的同时，尽量减少自然资源和有毒原料的使用，使产品和服务在其生命周期内所产生的废弃物与污染物最少，并能在满足人类需要的同时不危及后代人的需求（UNEP，1994）。

可持续消费是一种新的消费模式，不是贫困型消费①与富裕型消费②的中间状态，这种新的消费模式适合全球不同收入水平的所有消费者，是

---

① 贫困型消费是指一种因为贫困而引起的消费不足的模式。
② 富裕型消费是指一种由富裕而引起的过度消费，一种伴随有不同程度浪费现象的消费模式。

世界各国追求的一种消费目标。可持续消费包括以下含义：满足人类需要、提升人类生活水平和生活质量的同时，消费过程尽量减少废弃物和垃圾的排放，尽量延展产品的寿命周期，并考虑产品的回收利用效率。

可持续消费的含义和特征具有一定的模糊性，让消费者难以清楚地了解可持续消费的真正做法，从而在实践中经常获得一些错误指导。

第一，可持续消费重点依然是消费主体，即强调人类消费需求的满足，核心是考虑人类消费与资源分配在代际之间的平衡。可持续消费是只将环境资源保护与人类需求的满足纳入到统一研究范围之内，或者说考察环境资源保护与人类消费需求满足之间关系的学说。可持续消费中所谈及的环境保护和资源节约是为了对人类利益更长久的保护，并未考虑整个生态系统的平衡，并未将整个生态系统作为一个整体来考察，其研究依然停留在人类内部消费机会的均衡性上，而缺乏对人类在消费过程中协调人与自然之间和谐关系方面的研究。

第二，可持续消费没有指出人类在生态系统中的主导性和应该承担的责任，也没有考虑自然资源本身的内在价值，没有建立自然资源与人之间的相互依赖体系，而是过度强调人对自然的"单向"依赖，没办法脱离人的物质利益的狭隘发展观念，这是可持续消费的一个较大缺陷。从生态消费的概念以及研究框架来看，它将人类的消费行为纳入到人、社会与自然三位一体的立体坐标中，结合伦理道德与消费行为进行分析和研究，并将伦理道德的研究扩展到了自然界，首先承认了自然界内存在内在价值，要求人类消费过程应该理智地使用自己的消费权利，并自觉承担消费责任和义务，充分构建人类、社会与自然的均衡发展与和谐共处。

第二节　生态消费综合评价指标体系构建
及评价方法分析

生态消费是一种全面的、崭新的消费理念和消费模式的结合，从适度消费、绿色消费和可持续消费与生态消费的对比分析中，不难看出生态消费是符合和谐社会发展要求的消费模式，生态消费模式在未来一段时间也将会对现实消费产生最直接的影响。为了更好地研究生态消费，以便其在未来经济发展中发挥更好的作用，本书对生态消费进行定性分析的同时，希望能对其进行定量研究，因此，需要建立一系列的指标体系用来衡量生态消费的综合发展水平。以往学者对生态消费进行的定量研究基本上都是构建生态消费指标体系，并应用熵权指数法确定权重，最后确定生态消费综合指数（肖军等，2012；姚永利，2007）。

一、构建生态消费综合评价指标体系

要想从定量的角度评价生态消费，构建生态消费综合评价指标体系是第一步，而对生态消费综合水平的测评，实际上就是对生态消费的实现程度和水平的评价。生态消费问题是消费经济、社会及资源环境三位一体的问题，因此生态消费问题涉及消费经济、社会领域及资源环境保护等多方面协调发展的系统问题，这就客观地要求将生态消费问题放置于消费经济、社会、环境及资源分配等多个子系统形成的复合体系中进一步考察和评价，并把生态消费问题作为一个有机整体来评价。因此，其评价指标的设置应该是多维度的，既要包括消费领域的指标体系，也要包括由经济、社会及资源环境等子系统构成的复合指标体系。

（一）生态消费综合评价指标体系的构成

本书坚持以科学性原则总体指导思路，并坚持系统性、代表性、可操作性及动态与稳定性原则，参考国内外相关研究文献，构建生态消费的综合评价指标体系，分别从消费经济可持续发展程度（采用消费可持续发展性指标）、社会可持续发展程度（采用社会发展与可持续发展程度指标）、资源环境利用程度（采用资源储备量与开发利用程度指标）以及消费环境质量（采用环境保护与生态平衡指标）四个方面对生态消费综合水平进行测量。

从指标的构成来看，指标总体包括四种类型，覆盖四大领域、涉及十多个层次的评价指标体系结构，其具体结构见表 3-1。

表 3-1　生态消费综合评价指标体系结构安排详细表

目标层（总指标）	一级指标	二级指标（类指标）	三级指标（初级指标）	三级指标计算方法
生态消费综合评价指标体系	消费可持续发展性指标 x_1	消费水平 x_{11}	人均 GDP x_{111}	年鉴数据
			城镇居民人均可支配收入 x_{112}	年鉴数据
			农村居民人均纯收入 x_{113}	年鉴数据
			人均住房面积 x_{114}	年鉴数据
			城乡储蓄余额 x_{115}	年鉴现有统计数据
		消费结构与消费规模 x_{12}	社会消费品零售总额 x_{121}	年鉴现有数据
			社会消费品购买力 x_{122}	$\dfrac{居民消费总支出}{消费指数}$
			恩格尔系数 x_{123}	年鉴数据
	社会发展与可持续发展程度 x_2	人口状况 x_{21}	人口数量 x_{211}	年鉴数据
			人口自然增长率 x_{212}	年鉴数据
		社会保障 x_{22}	社会保障人口比率 x_{221}	年鉴数据
			万人医生数 x_{222}	$\dfrac{医生总数}{人口总数}$
			抚恤、救济、补助占财政支出的比例（％）x_{223}	$\dfrac{抚恤＋救济＋补助}{财政支出}$
		社会公平程度 x_{23}	基尼系数 x_{231}	年鉴数据
			贫困人口占比 x_{232}	年鉴数据
			失业率 x_{233}	年鉴数据
		科技教育 x_{24}	每万人中大学生人数 x_{241}	年鉴数据
			国内专利申请授权数 x_{242}	年鉴数据
			文盲率 x_{243}	年鉴数据
			文教科卫支出占财政支出的比例（％）x_{244}	$\dfrac{文教科卫支出}{财政总支出}$
	资源储备量与开发利用程度 x_3	资源储备 x_{31}	人均水资源量 x_{311}	$\dfrac{我国水资源总量}{我国人口总数}$
			人均耕地面积 x_{312}	$\dfrac{我国耕地总量}{我国人口总量}$
			森林覆盖率 x_{313}	$\dfrac{我国森林总面积}{我国人口总数}$
			人均湿地面积（公顷）x_{314}	$\dfrac{我国湿地总面积}{我国人口总数}$

续表

目标层 （总指标）	一级指标	二级指标 （类指标）	三级指标 （初级指标）	三级指标计算方法
生态消费综合指标体系	资源储备量与开发利用程度 x_3	资源开发与利用 x_{32}	单位 GDP 能源消耗 x_{321}	$\dfrac{\text{能源消费总量}}{\text{GDP}}$
			电力资源消耗量 x_{322}	年鉴数据
			能源消费增长率 x_{323}	年鉴数据
			人均生活能源消耗量 x_{324}	$\dfrac{\text{能源消费总量}}{\text{人口总数}}$
	环境保护与生态平衡指标 x_4	生活环境 x_{41}	人均森林面积 x_{411}	年鉴数据
			自然保护区个数 x_{412}	年鉴数据
			地表水质达标率 x_{413}	$\dfrac{\text{地表达标水量}}{\text{地表水资源总量}}$
		城市绿化 x_{42}	城市人均公共绿地面积 x_{421}	$\dfrac{\text{城市绿地面积}}{\text{城市总人口}}$
			建成区绿化覆盖率 x_{422}	年鉴数据
		环境治理 x_{43}	生活垃圾清运量 x_{431}	年鉴数据
			污水处理率（%）x_{432}	$\dfrac{\text{污水治理投资总额}}{\text{环境污染治理投资总额}}$
			环境污染治理投资总额占国内生产总值比重 x_{433}	年鉴数据

（二）生态消费综合评价指标体系各指标的详细说明

1. 生态消费一级指标——总指标说明

关于生态消费的一级指标，即总指标，是目标、状态与过程三位一体的动态指标，通过二级指标（类指标）总和而成，是一个抽象数字，用来反映生态消费总体水平的基本特征，是一个最终的、综合衡量生态消费水平的综合性指标。

生态消费总指标并不是一个纯粹客观的经济性指标：它并不完全是一个通过计量、观察、调查之后的数据记录，也不完全是按照实际发生的数据汇总而计量的结果，它是在对所研究对象进行观察的基础上，根据研究人员对该问题的评价和看法进行评分，并根据评分进行相关指标权重的确定。因此其评价结果的科学性、准确性与客观性不但受到数据准确性的制约和影响，同时更受到研究人员的综合水平的影响，尤其是研究人员对生态消费问题的研究程度的影响。

从研究的过程和路线及以往研究的文献来看，生态消费问题的评价与测量只能是对复杂问题的粗略反映；从现有的研究条件来看，很难做到精确和全面地反映生态消费水平，因为生态消费是一个极其复杂的问题，涉及人类消费活动的众多方面。从各类年鉴数据来看，没有特别准确反映生态消费的相关指标，只能通过一些比较准确的方法进行分析，并依此来反映所研究的总体问题在生态消费领域的基本情况。

2. 生态消费二级指标（类指标）说明

类指标是从总指标中分解而来，主要是从不同侧面反映生态消费的总水平。本章将生态消费一级指标分为 4 种类型，构建生态消费的 4 个子系统，从 4 个侧面反映和揭示生态运行过程中的主要矛盾和问题，共包括 11 个二级指标（类指标）。

3. 三级指标（初级指标）说明

在类指标的基础上，依据指标的属性将指标细分到具体的可以量化的指标层，并用具体可度量的指标加以描述。为了更客观科学地度量生态消费的综合水平，单项指标的选择尽可能采用年鉴中的相应指标，从而使数据具有代表性又便于测量。通过对生态消费相关评价指标的收集、整理、比较，运用理论分析法、频度统计法等，结合数据的可得性、完备性及重要性等方面，本章最终选择了 38 个单项可测量指标，构成了生态消费综合评价指标体系。

二、生态消费的评价方法与模型分析

在多重指标综合评价模型中，权重的合理配置是量化评估的关键。为了尽量减少主观因素对研究结果的影响，本书借鉴以往研究方法和历史文献，选取了熵值法（熵权指数法）确定各评价指标的权重。

（一）熵值法概述

熵值法中的熵（entropy）是德国物理学家克劳修斯于 1850 年创造的一个专业名词，最初用来表示一种能量在空间中分布的均匀程度。熵是一个物理学中热力学的一个概念，是描述体系混乱程度（或者无序程度）的量度。克劳德·埃尔伍德·香农（Claude Elwood Shannon）第一次将熵的概念引入到信息论中来，将熵值法应用在系统理论中，熵值越大说明系统越混乱，携带的信息越少，反之，熵值越小说明系统越有序，携带的信息越多。因此，在信息论中，熵值可以用来度量不确定性的程度。香农在《通信的数学理论》中提出通过建立概率统计模型来度量信息，并把信息界定为"用来消除不确定性的东西"，用 S 表示。

（二）熵值法应用的基本原理

熵值法是一种客观赋权的方法，主要通过所列指标的信息熵确定指标的相对变化程度，并根据指标的相对变化程度对系统整体的影响来确定指标的权重，相对变化程度大的指标具有较大的权重。熵值法在统计学领域被广泛应用，具有较强的研究价值，具体思路如图 3-1 所示。

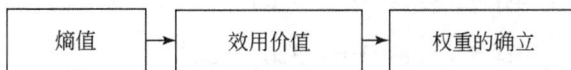

图 3-1　熵值法具体思路

从熵值大小与权重之间的关系来看，具有如表 3-2 的关系。

表 3-2　熵值与权重关系

熵值	信息有序性	信息量	效用值	权重
熵值大	信息越无序	信息量少	效用值小	权重小
熵值小	信息越有序	信息量多	效用值大	权重大

从表3-2的关系可以看出，我们可以通过熵值法判断事件的随机性和无序程度，也可以用熵值法判断某些指标的离散程度：指标的离散程度越高，该指标对综合评价的影响越大。

（三）生态消费熵值法的步骤

1. 建立因素集合

评价因素集合是一个地区生态消费状况评价指标的集合，该因素集合为4层。根据上面设计的生态消费综合评价指标体系的框架可以得出：

一级指标集：$x = \{x_1, x_2, x_3, x_4\}$

二级指标集：$x_1 = \{x_{11}, x_{12}\}$

$x_2 = \{x_{21}, x_{22}, x_{23}, x_{24}\}$；

$x_3 = \{x_{31}, x_{32}\}$；

$x_4 = \{x_{41}, x_{42}, x_{43}\}$

三级指标集：$x_{11} = \{x_{111}, x_{112}, x_{113}, x_{114}, x_{115}\}$

$x_{12} = \{x_{121}, x_{122}, x_{123}\}$

$x_{21} = \{x_{211}, x_{212}\}$

$x_{22} = \{x_{221}, x_{222}, x_{223}\}$

$x_{23} = \{x_{231}, x_{232}, x_{233}\}$

$x_{24} = \{x_{241}, x_{242}, x_{243}, x_{244}\}$

$x_{31} = \{x_{311}, x_{312}, x_{313}, x_{314}\}$

$x_{32} = \{x_{321}, x_{322}, x_{323}, x_{324}\}$

$x_{41} = \{x_{411}, x_{412}, x_{413}\}$

$x_{42} = \{x_{421}, x_{422}\}$

$x_{43} = \{x_{431}, x_{432}, x_{433}\}$

2. 数据处理方法——标准化处理

①由于各指标的量纲、数量级均有差异，所以为消除量纲不同对评价结果的影响，需要对各指标进行标准化处理。

数据标准化方法一:

$$x'_{ij} = \frac{x_j - x_{\min}}{x_{\max} - x_{\min}}$$

$$x'_{ij} = \frac{x_{\max} - x_j}{x_{\max} - x_{\min}}$$

式中 x_j 为第 j 项指标值,$x_{\max}$ 为第 j 项指标的最大值,$x_{\min}$ 为第 j 项指标的最小值,x'_{ij} 为标准化值。若所用指标的值越大越好,则选用前一个公式;若所用指标的值越小越好,则选用后一个公式。

数据标准化方法二:

$$x'_{ij} = \frac{x_{ij} - \bar{x}_j}{S_j}$$

式中:

$$\bar{x}_j = \frac{1}{n} \sum_{i=1}^{n} x_i$$

$$S_j = \frac{1}{n-1} \sum_{i=1}^{n} (x_{ij} - \bar{x}_j)^2$$

$\bar{x}_j$ 为第 j 项指标的平均值,S_j 为第 j 项指标的标准差。

数据标准化方法三:

本方法称为直线型无量纲化,具体计算方法如下:

$$y_i = \begin{cases} \dfrac{x_i}{\max x_i} & (x \geqslant 0) \\[3mm] \dfrac{\max x_i + \min x_i - x_i}{\max x_i} & (x < 0) \end{cases}$$

②计算第 j 项指标下第 i 年份指标值的比重 y_{ij}

$$y_{ij} = \frac{x'_{ij}}{\sum_{i=1}^{m} x'_{ij}} \quad (0 \leqslant y_{ij} \leqslant 1)$$

由此,可以建立数据的比重矩阵 $Y = \{y_{ij}\}_{m \times n}$

3. 计算指标信息熵值 *e* 和信息效用值 *d*

①计算第 *j* 项指标的信息熵值的公式为

$$e_j = -k \sum_{i=1}^{m} y_{ij} \ln y_{ij}$$

式中的 k 为常数，$k = \dfrac{1}{\ln m}$。

②某项指标的信息效用值取决于该指标的信息熵 e_j 与 1 之间的差值，它的值直接影响权重的大小：信息效用值越大，对评价的重要性就越大，权重也就越大。

$$d_j = 1 - e_j$$

4. 计算评价指标权重

利用熵值法估算各指标的权重，其本质是利用该指标的信息效用值来计算，其信息效用值越高，对评价的重要性就越大（或者权重越大，对评价结果的贡献大）。

第 *j* 项指标的权重为

$$w_j = \frac{d_j}{\sum\limits_{i=1}^{m} d_i}$$

（四）计算样本的评价值

采用加权算数公式计算样本的评价值：

$$U = \frac{\sum\limits_{i=1}^{n} w_i x_i}{\sum\limits_{i=1}^{n} w_i}$$

式中 U 为综合评价值，n 为指标个数，w_i 为 i 个指标的权重。显然，U 越大，样本效果越好。最终比较所有的 U 值，得出评价结论。

三、我国生态消费综合评价指标体系的实证分析

生态消费是生态经济学在消费角度的体现，属于一种新型消费理念和消费行为的全面体现，同时也是生态环境保护在消费领域的必然选择。我国对生态消费的研究历史较为短暂，且当前对生态消费、绿色消费、适度消费及可持续消费的认识较为模糊；从研究的方式方法来看，定性研究较多，定量研究较少，且定量研究的工具也比较单一。本书对我国生态消费的研究属于定量研究，因此，需要建立一系列的生态消费指标来反映和衡量生态消费的程度和水平及其影响因素，这也反映了构建生态消费指标具有重大的现实意义。

（一）我国生态消费综合评价指标体系的研究意义

从历史文献来看，我国生态消费定量研究基本限于对某省市地区的研究，因此构建我国生态消费综合评价指标体系本身就是一种创新。从国家层面构建生态消费指标体系定量研究生态消费的程度和水平，可以对我国消费经济在生态方面的表现及发展态势进行评价和预测，为政府做出生态消费决策提供依据。同时，通过对我国生态消费领域的规模、水平、结构及速度的定量研究与评估，可以检测和揭示我国消费领域内的各种矛盾和主要问题，及时向有关部门反映，为政府治理提供参考。

（二）我国生态消费评价体系构建的基本原则

要想客观地定量研究我国生态消费的总体水平，科学的指标体系是基本的保障，也是研究的基本前提。因此指标体系的建立必须遵守基本原则，而不能任意选取评估指标。本书为构建生态消费综合评价指标体系，针对指标计算方法，搜集并对比了大量的历史文献资料，最后选取一种科学、客观和可行的方法，进行计算。而生态消费是一个比较复杂的行为，本书认为构建生态消费指标体系应该遵守以下几个方面的原则，可以基本保证指标的准确和标准。

1. 科学性、客观性与系统性相结合的原则

任何指标的设计均需符合其所在学科的基本规律，且要考虑其整体性。生态消费指标的建立既要符合消费经济学、生态经济学、社会科学等多个学科的规律；每一项指标的含义尽量明确，要能够涵盖生态消费领域的内涵和目标，且尽量选取各类年鉴的现有数据；统计计算的方法要具有通用性和规范性，尽量保证评估方法和过程的客观性，也要保证评估结果的真实性、可行性和准确性。

同时，指标体系的构建也要考虑人类消费行为所涉及的社会、经济、生态等多方面的系统性、指标的层次性，以及指标之间的相关性和侧重点如何体现，以便指标能从不同方面、不同纬度、不同过程和领域全面反映生态消费问题。

2. 指标体系应该具有较强的代表性和可操作性

从生态消费的历史文献资料来看，反映生态消费的指标很多，但是在构建指标体系的过程中，考虑可操作性，不能把所有指标纳入研究范畴，因此在选取指标的过程中要选取那些具有代表性的指标，即选取指标之前要先对生态消费的主要特征进行抽象处理，然后以最能体现某方面的特征的内涵作为选取依据。同时，也要考虑指标数据的可得性，有些指标数据没有现有公开数据（主要是各类年鉴数据），或者获得系统的数据难度较大，可以暂时放弃，选取其他类似的指标。

3. 稳定性与动态性相结合的原则

生态消费是一个过程，也是一个结果，因此生态消费应该从动态的角度来研究，其指标体系的选取应该充分体现和反映系统动态变化的特征和原则，体现系统的可延展性，既要体现生态消费系统延展的空间特征，也要体现生态消费延展在时间方面的能力变动。因此，构建指标时应该尽量建立一套具有描述、预警、检测及评估功能的指标体系。

（三）我国生态消费综合评价指标的数据收集与分析

采用上述方法，对我国 2009～2014 年的生态消费综合水平进行综合对比分析，从而得出我国生态消费水平的变化趋势。

从以往的研究文献来看，评价生态消费水平的研究主要是对某个区域、省市进行研究，本章研究我国总体情况，生态消费的各指标数据主要来源于《中国统计年鉴》、人口普查资料、各省统计年鉴、《中国能源统计年鉴》以及中华人民共和国国家统计局网站的数据资料。将上述资料按照生态消费综合评价指标体系结构进行分类整理，具体见表3-3、表3-4、表3-5、表3-6。

由表3-3可以看出，消费可持续发展性的各项指标数据在2009～2014年均有较大的增长，说明我国消费总水平有所提高，消费结构有所优化。

表3-3　我国生态消费综合评价指标体系指标1——消费可持续发展性指标

	项目名称	2009 年	2010 年	2011 年	2012 年	2013 年	2014 年
A：消费水平	人均 GDP/元	25 608	30 015	35 181	38 449	43 320	46 531
	城镇居民人均可支配收入/元	17 174.7	19 109.4	21 809.8	24 567.7	26 955	28 844
	农村居民人均纯收入/元	5 153.2	5 919.0	6 977.3	7 916.6	8 896.3	9 892.2
	人均住房面积*/米²	32.5	32.9	34.5	35.1	36.1	37.4
B：消费结构与消费规模	城乡储蓄余额/亿元	260 771.7	303 302.5	343 635.9	399 551	447 601.6	502 504.4
	社会消费品零售总额/亿元	132 678.4	156 998.4	183 918.6	210 307.1	242 842.8	262 394.6
	社会消费品购买力/亿元	134 289.9	152 425.6	176 844.2	186 863.3	198 756.2	214 891.3
	恩格尔系数/%	38.8	38.4	38.4	36.5	29.8	21

资料来源：根据表3-1相关计算方法对各年统计年鉴数据和中华人民共和国国家统计局官网发布数据整理计算所得。

*从《中国统计年鉴》来看人均住房面积，分为城镇人均住房面积和农村人均住房面积，本书中人均住房面积是指所有人口的人均住房面积，因此此处的人均住房面积采用城镇人均住房面积与农村人均住房面积的平均数。

由表3-4不难看出，社会发展与可持续发展程度的各项指标在2009～2014年发生了较大的变化，均朝着不断增长和不断优化的方向发展，除了个别特殊年份的特殊原因导致某个指标的剧烈变化，其他指标均呈现较稳定的变化。

表 3-4　我国生态消费综合评价指标体系 2——社会发展与可持续发展程度指标

	项目名称	2009 年	2010 年	2011 年	2012 年	2013 年	2014 年
A：人口 状况	人口数量/万人	133 450	134 091	134 735	135 404	136 072	136 782
	人口自然增长率/%	4.9	4.8	4.8	5.0	4.9	5.2
B：社会 保障	社会保障人口比率/%	38.0	40.2	45.3	47.7	50.2	55.3
	万人医生数/人	41.48	43.82	46.04	47.05	49.65	55.47
	抚恤、救济、补助占财政支 出的比例/%	12.0	16.0	20.0	22.0	23.0	26.0
C：社会 公平 程度	基尼系数	0.490	0.481	0.477	0.474	0.473	0.469
	失业率/%	4.5	4.1	4.7	5.1	4.1	5.1
	贫困人口占比/%	8.0	3.0	9.5	9.4	9.1	8.9
D：科技 教育	每万人中大学生人数 * /%	47.9	49.6	50.5	87.1	120.1	145.7
	国内专利申请授权数/个	501 786	740 620	883 861	1 255 138	1 313 000	1 302 687
	文盲率 ** /%	7.1	6.0	5.2	5.0	4.5	3.9
	文教科卫支出占财政支出比 例/%	16.3	16.5	17.5	18.1	19.3	20.5

　　资料来源：2009~2014 年各年统计年鉴及中华人民共和国国家统计局官网已发布的数据整理计算所得。

　　* 每万人中大学生人数是指每一万人中大学生的人数，此处大学生主要指普通本科生加上普通专科生。

　　** 文盲率是指文盲人口占 15 岁及以上人口的比重（%）。

　　从表 3-5 中的相关数据来看，我国资源开发与储备的情况在 2009~2014 年不断优化，资源利用效率有所提升，但是提升的效果并不理想，如能源消费增长率还在不断增长，尽管增长的幅度并不大；人均生活能源消耗量也在不断增加，这与家用电器和其他设备的能源消耗有关。

表 3-5 我国生态消费综合评价指标体系 3——资源储备量与开发利用程度指标

	项目名称	2009 年	2010 年	2011 年	2012 年	2013 年	2014 年
A：资源储备	人均水资源量/(m³/人)	1 816.2	2 310.4	1 730.4	2 186.1	2 059.7	2 012.5
	人均耕地面积*/(亩/人)	2.26	2.28	2.3	2.1	1.9	1.9
	森林覆盖率/%	20.4	20.4	20.4	20.1	20.2	20.4
	人均湿地面积/公顷	0.028 8	0.028 7	0.028 6	0.028 7	0.029 1	0.030 1
B：资源开发与利用	单位 GDP 能源消耗**/(t 标准煤/万元 GDP)	9.2	10.5	11.4	11.3	11.1	10.9
	电力资源消耗量/10⁴t 标准煤	23 611.8	27 944.8	27 840.2	27 910.1	27 882.7	27 871.4
	能源消费增长率/%	5.2	6.0	7.1	7.1	7.3	7.1
	人均生活能源消耗量***/kg 标准煤	254.2	258.3	261.4	260.1	257.2	256.8

资料来源：中华人民共和国国家统计局网站各年份相应数据及内部数据整理计算所得。

* 人均耕地面积是指全国各地区农村居民人均耕地面积，即每人拥有的耕地面积。

** 单位 GDP 能源消耗是每一万元 GDP 需要耗费的 t 标准煤。

*** 人均能源消耗量是指平均每人生活消费能源，单位为 kg 标准煤。

表 3-6 我国生态消费综合评价指标体系 4——环境保护与生态平衡指标

	项目名称	2009 年	2010 年	2011 年	2012 年	2013 年	2014 年
A：生活环境	人均森林面积/公顷	0.147	0.146	0.145	0.146	0.146	0.147
	自然保护区个数/个	2 556	2 588	2 640	2 642	2 642	2 644
	地表水质达标率/%	68.0	75.0	83.0	83.0	82.0	82.0
B：城市绿化	城市人均公共绿地面积/公顷	1 993 168	2 134 339	2 242 856	2 253843	2 254 834	2 261 812
	建成区绿化覆盖率/%	38.2	38.6	39.2	39.7	40.3	41.1
C：环境治理	生活垃圾清运量/10⁴t	15 733.7	15 804.8	16 395.3	17 335.4	17 813.6	18 234.2
	污水处理率/%	57.0	63.0	70.5	77.1	79.4	80.9
	环境污染治理投资总额占国内生产总值比重/%	1.4	1.5	1.2	1.3	1.5	1.8

资料来源：2009~2014 年《中国统计年鉴》以及其他年鉴类资料的相应数据整理计算所得。

（四）我国生态消费综合评价体系中各指标层权重的确立分析

本书中的生态消费综合评价指标层权重的确立方法选用层次分析法（AHP），以表3-1构建的生态消费综合评价指标体系，应用德尔菲法构造判断矩阵，经过建立判断矩阵、确定判断尺度、计算权重以及一次性检验等过程，形成最终的权重结构表。

1. 建立判断矩阵

以表3-1为基础，将每一级评价体系中的指标作为评价标准，对指标进行两两比较，建立判断矩阵。以一级指标为例，具体情况如下：

$$
\begin{bmatrix}
x_{11} & x_{12} & x_{13} & x_{14} \\
x_{21} & x_{22} & x_{23} & x_{24} \\
x_{31} & x_{32} & x_{33} & x_{34} \\
x_{41} & x_{42} & x_{43} & x_{44}
\end{bmatrix}
$$

2. 确定判断尺度

判断尺度是指要素 x_i 对 x_j 的相对重要程度的数量尺度的标准，即以 x_{ij} 的数量形式建立判断尺度可以定义为：

若 x_i 比 x_j 明显重要，则 $x_{ij}=5$；反之，则 $x_{ji}=1/5$。

由此可知：$x_{ii}=1$，$x_{ij}=\dfrac{1}{x_{ji}}$，则有判断尺度如表3-7所示。

表3-7　判断尺度定义

判断尺度（x_{ij}）	定义
1	x_i 和 x_j 同样重要
3	x_i 比 x_j 稍微重要
5	x_i 比 x_j 明显重要
7	x_i 比 x_j 强烈重要
9	x_i 比 x_j 极端重要
2、4、6、8	介于上述两个相邻判断尺度中间值

3. 权重计算

根据层次分析法理论，确定权重的方法包括和法、根法、特征根法和对数最小二乘法。根据本章的研究思路和研究目标，决定采用和法确定权重，具体计算方法如下：

$$\omega_i = \frac{\sum\limits_{j=1}^{n} x_{ij}}{\sum\limits_{k=1}^{n} \sum\limits_{j=1}^{n} x_{kj}k}$$

4. 一致性检验

由于权重的确定是本研究的一个关键环节，而权重的计算是依靠判断矩阵，所以矩阵应该具有一致性的特征，以防出现"A 比 B 极端重要，B 比 C 极端重要，而 C 又比 A 极端重要"的谬误性判断，否则将会导致整个评价结果的失真。因此，本章对判断矩阵的相容性和误差进行了检验。

设相容性指标为 C. I. （Consistency Index），即有

$$C.\ I.\ = \frac{\lambda_{max} - n}{n - 1}$$

并查找相应的平均随机一致性指标 R. I. （Random Index）得出一致性比例：

$$C.\ R.\ = \frac{C.\ I.}{R.\ I.}$$

一般情况下，若 C. R. （Consistency Ratio）< 0.1，就可以认为判断矩阵有相容性，据此计算的权重值是可以接受的。

由于本章的生态消费综合评价指标数较多，具体的权重确定内容较多，限于篇幅原因，在此省略计算过程，最终的权重值如表3-8所示。

表3-8 我国生态消费综合评价指标体系各层指标权重

一级指标	二级指标（组指标）	三级指标（初级指标）
$x_1 = 0.53$	$x_{11} = 0.75$	$x_{111} = 0.33$
		$x_{112} = 0.20$
		$x_{113} = 0.30$
		$x_{114} = 0.13$
		$x_{115} = 0.04$
	$x_{12} = 0.25$	$x_{121} = 0.16$
		$x_{122} = 0.30$
		$x_{123} = 0.54$
$x_2 = 0.25$	$x_{21} = 0.06$	$x_{211} = 0.67$
		$x_{212} = 0.33$
	$x_{22} = 0.29$	$x_{221} = 0.66$
		$x_{222} = 0.12$
		$x_{223} = 0.22$
	$x_{23} = 0.34$	$x_{231} = 0.61$
		$x_{232} = 0.27$
		$x_{233} = 0.12$
	$x_{24} = 0.31$	$x_{241} = 0.13$
		$x_{242} = 0.06$
		$x_{243} = 0.22$
		$x_{244} = 0.59$
$x_3 = 0.15$	$x_{31} = 0.25$	$x_{311} = 0.53$
		$x_{312} = 0.28$
		$x_{313} = 0.12$
		$x_{314} = 0.07$
	$x_{32} = 0.75$	$x_{321} = 0.25$
		$x_{322} = 0.22$
		$x_{323} = 0.45$
		$x_{324} = 0.08$

一级指标	二级指标（组指标）	三级指标（初级指标）
$x_4 = 0.07$	$x_{41} = 0.62$	$x_{411} = 0.40$
		$x_{412} = 0.13$
		$x_{413} = 0.47$
	$x_{42} = 0.30$	$x_{421} = 0.75$
		$x_{422} = 0.25$
	$x_{43} = 0.08$	$x_{431} = 0.61$
		$x_{432} = 0.13$
		$x_{433} = 0.26$

（五）我国生态消费综合评价指标体系中原始指标的数据标准化（即无量纲化）

本章分析了三种数据标准化（即无量纲化）的方法，在此处采用第三种方法，即直线型无量纲化方法，对原始数据进行处理，数据处理结果如表3-9所示。

表3-9 我国2009~2014年生态消费综合评价指标体系各指标原始数据无量纲化结果

三级指标	2009 年	2010 年	2011 年	2012 年	2013 年	2014 年
x_{111}	0.469 0	0.573 3	0.673 9	0.727 9	0.853 2	1.000 0
x_{112}	0.539 2	0.632 1	0.723 6	0.787 5	0.876 0	1.000 0
x_{113}	0.514 1	0.593 4	0.682 3	0.738 6	0.848 3	1.000 0
x_{114}	0.858 0	0.895 7	0.913 0	0.942 0	0.953 6	1.000 0
x_{115}	0.470 2	0.502 1	0.634 1	0.758 9	0.882 6	1.000 0
x_{121}	0.430 3	0.508 4	0.624 4	0.721 4	0.853 6	1.000 0
x_{122}	0.443 1	0.509 8	0.613 2	0.759 4	0.861 9	1.000 0
x_{123}	0.965 7	0.973 0	1.000 0	0.951 0	0.941 0	0.941 2
x_{211}	0.975 6	0.980 7	0.985 7	0.990 5	0.995 2	1.000 0
x_{212}	1.000 0	0.979 2	0.962 1	0.922 3	0.907 2	0.907 2
x_{221}	0.664 5	0.686 5	0.706 4	0.838 9	0.887 4	1.000 0
x_{222}	0.824 7	0.807 6	0.846 2	0.901 0	0.951 8	1.000 0

三级指标	2009 年	2010 年	2011 年	2012 年	2013 年	2014 年
x_{223}	0.395 0	0.425 0	0.700 0	0.600 0	0.800 0	1.000 0
x_{231}	0.991 9	0.985 7	1.000 0	0.998 0	0.979 6	0.971 5
x_{232}	0.893 6	0.978 7	0.851 1	0.957 4	0.872 3	1.000 0
x_{233}	0.846 2	0.769 2	1.000 0	0.615 4	0.230 8	0.730 8
x_{241}	0.821 8	0.847 5	0.906 9	0.948 5	0.982 2	1.000 0
x_{242}	0.253 3	0.341 3	0.398 7	0.567 7	0.837 9	1.000 0
x_{243}	1.000 0	0.902 3	0.834 6	0.762 6	0.644 5	0.559 6
x_{244}	1.000 0	0.913 0	0.913 0	0.885 9	0.896 7	0.951 1
x_{311}	0.836 3	0.829 4	0.896 4	0.786 1	1.000 0	0.749 0
x_{312}	0.917 4	0.939 1	0.947 8	0.982 6	0.991 3	1.000 0
x_{313}	0.894 4	0.894 4	0.894 4	1.000 0	1.000 0	1.000 0
x_{314}	1.000 0	1.000 0	0.996 6	0.993 1	0.989 7	0.986 2
x_{321}	0.645 6	0.709 6	0.788 6	0.814 0	0.921 1	1.000 0
x_{322}	0.620 2	0.682 6	0.803 1	0.844 9	1.000 0	0.996 3
x_{323}	1.000 0	0.875 0	0.406 3	0.541 7	0.625 0	0.739 6
x_{324}	0.810 3	0.894 4	0.921 2	0.972 5	0.988 1	1.000 0
x_{411}	0.904 8	0.898 0	0.898 0	1.000 0	0.993 2	0.986 4
x_{412}	0.907 2	0.890 5	0.961 4	0.968 2	0.980 3	1.000 0
x_{413}	0.606 0	0.662 7	0.722 9	0.819 3	0.903 6	1.000 0
x_{421}	0.589 1	0.762 0	0.779 1	0.888 7	0.951 6	1.000 0
x_{422}	0.895 4	0.900 5	0.954 1	0.974 5	0.984 7	1.000 0
x_{431}	0.905 2	0.928 0	0.941 6	0.959 6	0.964 0	1.000 0
x_{432}	0.675 2	0.723 4	0.768 8	0.808 5	0.893 6	1.000 0
x_{433}	1.000 0	0.705 9	0.764 7	0.823 5	0.882 4	0.705 9

（六）我国生态消费综合评价指数结果

综合以上指标数据，根据公式 $U = \dfrac{\sum\limits_{i=1}^{n} w_i x_i}{\sum\limits_{i=1}^{n} w_i}$ （公式具体含义见前文分析

介绍），分别计算 2009～2014 年的生态消费综合评价指标指数值以及生态消费综合评价总指数值，结果如表3-10、表3-11所示。

表3-10　我国 2009～2014 年生态消费综合评价类指标的指数值

项目名称	2009 年	2010 年	2011 年	2012 年	2013 年	2014 年
消费可持续发展性指标	0.637 6	0.697 5	0.773 0	0.818 2	0.891 4	0.989 1
社会发展与可持续发展程度指标	0.872 5	0.862 3	0.880 4	0.886 3	0.886 1	0.946 6
资源储备量与开发利用程度指标	0.845 1	0.836 4	0.774 0	0.796 1	0.903 7	0.874 0
环境保护与生态平衡指标	0.776 8	0.808 9	0.840 0	0.908 6	0.947 6	0.972 7

表3-11　我国 2009～2014 年的生态消费综合评价总指数值

项目名称	2009 年	2010 年	2011 年	2012 年	2013 年	2014 年
生态消费总指数	0.379 6	0.380 0	0.394 1	0.411 7	0.426 2	0.494 2

（七）我国生态消费状况及总水平的评价及分析

我国生态消费状况存在着较多的特征，比如城乡之间的差异明显；地区间的差异明显；不同类型的消费群体的差异性明显等。由于数据的可得性及计算过程的繁杂，有些特征只能定性描述和分析。

结合相关数据的计算结果，我国生态消费综合评价值总体呈现增长态势，可以说我国生态消费总水平呈现上升的趋势。这种上升的趋势与众多因素有关，比如我国可持续发展、低碳经济发展等对消费领域的推动作用，具体情况包括以下两个方面。

1. 从我国 2009～2014 年生态消费综合评价类指标的指数值看我国生态消费情况

生态消费综合评价值中的二级类指标值代表了可持续消费系统、社会可持续发展系统、资源利用水平系统及消费外界环境系统 4 个方面在 2009～2014年的不同变化趋势，每个系统的变化影响生态消费综合指标值的变化趋势。生态消费综合指数值越大表示生态消费水平越高。

4 类指标中可持续消费系统与消费外界环境系统的变化最为明显，由

表 3-10 的数据不难看出，消费可持续发展性指标从 2009 年的 0.6376 增长到 2014 年的 0.9891，增长了 55.1%，且增长趋势明显，这一变化与我国近几年来经济快速发展，特别是人均 GDP 的快速增长，内需政策启动，消费总规模扩大和消费结构优化息息相关。

社会化发展与可持续发展及资源储备量与开发利用程度两类指标值也呈现上升趋势，但是总体增长趋势较不明显。社会发展与可持续发展程度指标总体增长幅度不大，2009~2014 年增长幅度为 8.5%。而资源储备量与开发利用程度指标值中 2011 年和 2012 年资源储备为 0.7740 和 0.7961，较 2009 年和 2010 年两年有下降趋势；同时，开采和利用率下降，但下降的程度较低，在正常范围之内。人类要生产和消费，就需要消耗能源，生态消费对资源利用和开采的要求是控制在合理的范围之内，因此我国今后的能源利用应该提高利用效率，同时要限制资源的开采，以防止资源的过度开采和利用，加速资源枯竭。

2. 从我国 2009~2014 年的生态消费综合评价总指数值分析我国生态消费综合水平

从数据值来看我国生态消费综合水平逐年上升，且趋势比较明显，总指数增长了 30.2%，这种上升表明了我国生态消费水平的提高。从我国 2009~2014 年的经济与消费发展的实践来看，我国开始推进低碳经济，改造传统污染产业，优化提升支柱产业的发展，并推进新能源产业、新型低碳产业的发展，大力支持高新技术产业发展。2009 年以后不断推进低碳消费、低碳零售，以低碳零售带动低碳消费，如 2009 年 5 月份国家出台的以旧换新政策，主要是针对汽车和家电产品实行以旧换新，回收旧产品，资金主要来源于财政补贴，这一政策实施的目的主要是促进低碳消费、增加消费总量、刺激内需、促进节能减排、有效利用资源；2011 年国家通过财政补贴促进消费者购买节能灯管，每支灯管价格中的 50% 由国家补贴，消费者只需支付一半的价格就可以购买节能灯管，这一政策在各个社区全面推广；与此同时政府为促进各零售企业降低能耗，实行低碳经营，对零售企业购买节能灯、节能设备，销售生态产品等实行财政补贴制度。这些措施和政策是我国近年来生态消费水平提升的原因。

同时，我国大力开展"污水处理和排污管制、保障群众的健康行动"，强化了对重点污染企业的管理，重点污染企业的排污行为得到控制，主要污染物的排放数量明显大幅度下降，环境质量得到提升；再加上退耕还林还草工程的推进，水土流失的不断治理，以及自然保护区的不断增加和生态示范区的建立，使得我国生态环境建设取得重大进展。这些对于生态消费的影响也是相当明显的，均是促进生态消费水平提升的原因。

除此之外，我国根据各地区不同的资源优势，在不同的省（直辖市、自治区）进行了差异化的低碳经济的发展，大力发展绿色食品、绿色保健品、环保建材产品及生态旅游产业，并通过政策扶持，使这些产品和产业达到规模化生产，从而降低成本。以吉林省为例，2005年吉林省在长春市内建立生态超市，并实行连锁，超市内销售的所有产品均是带有生态认证标志的产品，消费者进店消费可以获得一些礼品。这些超市近年来通过地方政府扶植，自身特色得到了良好的发展，获得社会和消费者的认可，提高了生态消费水平；与此同时，吉林省逐步推动了有机、绿色、生态、无公害产品的认证基地检测和评估工作，从生态生产方面推动了生态消费综合水平的提高。

我国有些省市地区从2009年开始逐步进行生态消费的大力宣传，倡导文明消费和生态消费，有不少省市地区编写了《环保、绿色消费与我们的地球》类似读本和教材，让幼儿园、小学作为材料进行学习和推广。在学校进行绿色消费、生态消费的推广是一种非常好的做法，有助于孩子从小建立生态消费的意识，形成生态消费的理念。在经济与文化发达地区的图书馆都可以看到生态消费的各种图书和科普读物，在公共场所可以看到生态消费的各类宣传，这些系统的做法强有力地促使人们改变消费观念。

从我国生态消费综合水平变化的态势不难看出，生态消费在实践中的推进和综合水平的提升不是某一个方面的提升，而是一个系统工程，涉及消费、生产、社会、资源以及宏观环境等多方面的影响因素，这些条件综合发展、平衡发展，才能促使生态消费模式的形成和综合水平的提升。从而可以看出本章所构建的生态消费综合指标评价体系内所包含的各类指标的内容是全面的、正确的，选取也是有据可依的。

第三节　我国居民生活消费能耗水平与碳减排空间特征的实证分析

生态消费的评价指标较为复杂，从多方面、全方位寻找指标，构建指标体系，是为了更加客观地反映生态消费水平，其中居民消费过程中的能源消耗水平是一个非常重要的方面，所以，本节在此对居民消费的能源消耗水平进行简单的实证分析。

从能源问题的研究文献中不难看出，研究成果主要集中于工业、制造业领域，即多数研究是从消耗总量或者从生产部门自上而下的思路进行量化，对于流通领域与生活消费领域方面的研究较少。从我国研究现状来看，流通领域与居民生活消费所带来的能源消耗及碳排放问题尚未进入主流研究。而从国际研究成果来看，近几年不断深入的研究表明，居民日常消费所带来的能源消耗及碳排放的比例已经成为环境污染中不可忽视的一个部分。研究表明，1995~2004年，我国居民家庭日常消费所引起的碳排放量占碳排放总量的比例由19%上升到30%；英国这一比例达到了27%；美国为38%（HM Government，2006）。美国相关研究报告指出，如果美国的家庭消费者在消费过程中采取一些节能行为，10年之后美国的碳排放量可能减少7.4%（Thomas et al.，2009）。由此可见，居民家庭消费中的能源消耗下降的潜力和空间很大。

一、居民消费能源消耗的内涵及度量方法

（一）居民消费能源消耗的内涵与研究意义

消费者是能源消耗的最终环节，也是能耗的终端。消费者行为模式（对不同物品的消费倾向）变化的依据是多方面的，其中收入是最主要的

依据；一般消费者会根据自己的工资收入水平调整消费模式，从过去的普遍情况来看，主要呈现为收入提高，农业生产的直接产品消费量下降，或者说食物商品化程度不断提高，从而不断增加工业产品的消费量，特别是奢侈品消费量。Schipper 在研究中发现，居民的日常消费活动对能源消耗影响的比例达到了 45%~55%；Baiocchi 认为，英国 75% 的碳排放量与居民的日常消费行为有关；Wei 研究环境问题时发现，绝大部分环境退化问题与消费者的日常消费行为息息相关，如生活垃圾的产生、交通工具中的机动车辆的普遍使用以及为了满足人们日常消费的需要而使用的各种商品的废弃及过量使用。

因此，居民消费能源消耗是指消费者在日常消费过程中，随着实际收入的不断提高，对商品化程度高的商品的需求量增加，同时日常生活中所产生的废弃物不断增加，且消费过程中的碳排放量快速上升，对环境污染和破坏日益严重。

居民生活消费对环境的破坏程度越来越大，研究居民消费的能源消耗与碳排放，主要是为了更好地控制居民消费的能源消耗，同时引导居民消费走低碳化的道路，实现生态消费的最终目的。居民消费能源消耗分为直接消耗和间接消耗，在早期对居民消费能源消耗的研究中多数侧重于研究直接消耗，主要包括燃气、电力及机动车辆使用带来的能耗总量。间接消耗是指使用商品化程度高的各类商品生产所带来的能源消耗量，间接能源消耗占总能源消耗的 70%~90%；同时间接消耗的测量和使用体现了能源消耗的"全过程"的含义，也反映了资源使用在最终消费中的全貌。

（二）我国居民消费能源消耗的度量方法分析

对我国居民消费能源消耗的度量一般采用投入产出方法，本节对居民消费能源消耗的度量分为对直接能源消耗的度量与对间接能源消耗度量两种情况。

1. 完全生活能源消耗的度量

本节应用环境投入产出模型和 CLA 方法，计算了直接能耗和间接能耗。直接能耗的度量借鉴魏一鸣的方法，测算家庭各方面的生活能源消耗，家庭日常使用如烹饪、照明、冬季取暖、夏季降温等用燃气、电力、汽油以及交通出行如私家车使用汽油等各种直接的能源消耗。投入产出模型计算间接能源消耗，具体如下所示：

$$E = E^{ind} + E^{dir} = E^{emb} Y + E^{dir} \tag{1}$$

$$E^{emb} = E^{ind} (1 - A)^{-1} \tag{2}$$

式中：E 为居民总的能源消耗量；E^{emb} 为完全能源消耗矩阵；E^{ind} 为产品部门一次能源的直接消耗系数矩阵；E^{dir} 为居民部门一次能源的直接能耗，包括居民的空调用电、照明用电、烹饪用气等家庭生活直接使用的能源消耗以及私家车出行能源消耗；Y 为居民消费额矩阵；$(1 - A)^{-1}$ 为列昂惕夫逆矩阵。

2. 居民生活完全能源消耗的结构分解

由上式（2）$E^{ind} = E^{emb} Y$，可以推导出下列关系：

$$\begin{aligned}
\Delta E^{ind} &= E_2^{emb} Y_2 - E_1^{emb} Y_1 \\
&= (E_2^{emb} Y_2 - E_1^{emb} Y_2) + (E_1^{emb} Y_2 - E_1^{emb} Y_1) \\
&= \Delta E^{emb} Y_2 + E_1^{emb} \Delta Y
\end{aligned} \tag{3}$$

式中：$\Delta E^{emb} Y_1$ 为能源强度变化对居民消费能源消耗的影响程度；$E_1^{emb} \Delta Y$ 为消费变化对居民消费能源消耗的影响程度；E_1 为 2004 年的完全能源消耗系数矩阵；Y_2 为 2012 年居民消费总额矩阵；Y_1 为 2004 年居民消费总额矩阵。

（三）研究区域对象的选取及数据来源

我国地域广阔、气候差异大、民族多样化、文化差异大以及经济发展不平衡等特征，使得我国居民消费行为呈现多样化和差异化，在消费过程中的能源消耗水平差异性较大。为了更好地研究我国能源消耗水平的问题，构建生态消费模式，本节在研究过程中，根据地域差异、人口、经济文化发展特征，选取代表性的省市作为研究对象进行分析，本节选取辽宁省（东北地区代表）、北京市（京津地区代表）、上海市（华东地区代表）、广东省（华南地区代表）、湖北省（中南地区代表）、甘肃省（西北地区代表）、重庆市（西南地区代表）作为典型代表进行研究。

研究原始数据主要来源于《中国能源统计年鉴》（2005～2013）、《中国统计年鉴》（2005～2013）、《中国价格及城镇居民家庭收支调查统计年鉴》（2005～2012），对能源消耗的计量重点考虑化石能源的耗费，一次能源消耗的研究范围限于原煤、原油和天然气，核电、水电和可再生能源在本节中未做研究。

二、中国居民生活能源消耗水平的实证分析

进入 21 世纪后，我国居民能源消耗量随着收入水平的不断提高而提高，居民能源消耗的各类指标都呈现上升的趋势，同时，不同年龄阶层的能源消耗量存在较大的差异，不同收入阶层和群体的能源消耗量也存在明显差异。从多方面出发，分析我国居民能源消耗的总体特征，对充分掌握我国居民能源消耗的状况有较大的作用，并能为我国节能减排提出针对性的措施和手段。

（一）我国居民完全生活能源消耗总水平呈现上升的趋势

我国居民完全生活能源消耗量在 2004～2012 年不断增加，折算成标准煤来看，2012 年的完全能耗总量是 2004 年的 3 倍多，占一次性能耗的比例呈现上升趋势。20 世纪 90 年代中期几年内直接生活能源消耗呈现缓慢下降趋势，从 2001 年开始稳步上升；而间接生活能源消耗的总水平呈现明显上升的趋势。从总量上看，人均完全生活能源消耗在 2012 年的水平是 2004 年的 2 倍多，增长较快。我国居民能源消耗量的增长与居民日常生活对家用电器、家庭轿车的普遍使用关系紧密，家庭轿车拥有量的快速增长，是居民生活能源消耗水平增长的主要原因之一。我国居民生活能源消耗水平具体情况如表 3-12 所示。

表 3-12　2004 ~ 2012 年全国居民人均生活能源消耗水平

年份	2004	2005	2006	2007	2008	2009	2010	2011	2012
人均纯收入*/元	6 179	6 874	7 669	8 963	10 271	11 164	12 514	13 711	15 824
人均完全生活能源消耗/kg 标准煤	1 539	1 897	2 166	2 458	2 790	3 010	3 350	3 768	3 998
人均直接生活能源消耗/kg 标准煤	332	367	391	429	461	495	532	571	601
人均间接生活能源消耗/kg 标准煤	1 237	1 436	1 689	1 906	2 217	2 560	2 791	2 931	3 125
间接占完全能耗比例/%	80.0	76.0	78.0	78.0	80.0	85.0	83.0	78.0	78.0
全年一次能耗总量/10^4t 标准煤	21.9	24.6	27.7	30.8	34.1	37.6	40.8	41.9	42.7
完全能耗总量/10^4t 标准煤	8.3	10.6	13.4	16.5	19.2	22.7	25.1	27.1	28.9
完全能源消耗占一次性能耗比例/%	38.0	42.9	48.7	53.7	56.3	60.4	61.8	64.7	67.7

资料来源:《中国统计年鉴》《中国能源统计年鉴》相关数据计算所得。

* 人均纯收入按照《中国统计年鉴》中的城镇人均可支配收入与农村人均纯收入数据计算平均数。

从表 3-12 不难看出，我国居民人均能源消耗量随着人均收入水平的提高而增长，间接能源消耗在总能源消耗中所占的比例有上升的趋势，完全能源消耗占一次性能耗比例呈现稳步增长趋势。

（二）消费者所处的收入阶层影响居民的生活能源消耗水平

消费者的能源消耗的方式和水平与消费者所处的收入阶层关系密切，消费者的能源消耗方式和水平通过消费者消费方式和水平形成，而消费者的消费方式和水平与消费者的收入水平有密切的关系。从消费者人均能源消耗总水平来看，2004 年以来，低收入阶层人均能源消耗水平低于高收入阶层，且收入水平越高，消费中的能源消耗水平越高；从消费者能源消耗的类型来看，高收入阶层的能源消耗主要为电力、天然气和石油，而低收入阶层的能源消耗主要为原煤。具体情况如图 3-2 所示。

图 3-2 中的数据显示，居民能源消耗的总水平呈现上升趋势，高收入阶层的能源消耗上升快于低收入阶层。中等偏高收入与高收入阶层的人均能源消耗增长速度高于低收入阶层和最低收入阶层。最低收入阶层的人均能源消耗从 2004 年的 432kg 标准煤增长到 2010 年的 500kg 标准

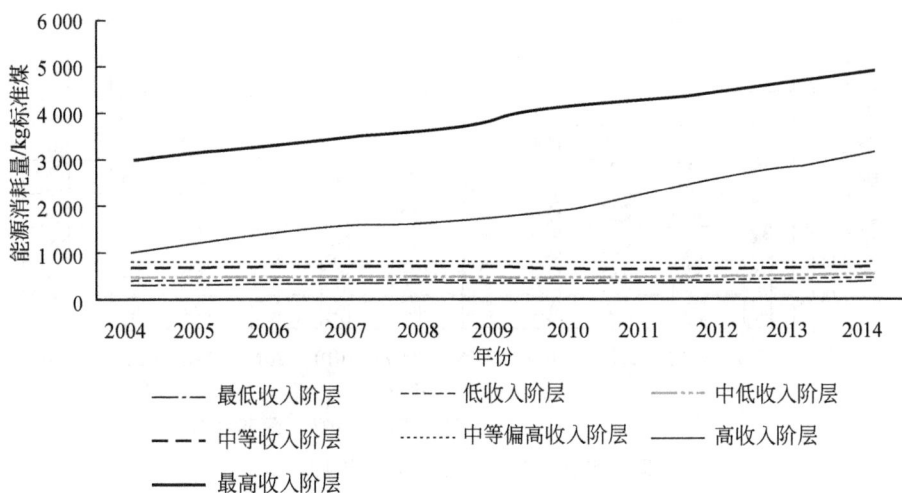

图 3-2　2004~2014 年不同收入阶层的消费者人均能源消耗量

资料来源:《中国能源统计年鉴》数据以内部数据整理计算所得。

煤,而最高收入阶层的人均能源消耗从 2004 年的 3006kg 标准煤增长到 3589kg 标准煤,最高收入阶层的增长率高于最低收入阶层。同时最低收入阶层的能源消耗 90% 以上为原煤,而最高收入阶层的能源消耗 85% 为电力和原油。相关研究资料发现,2004~2014 年我国较高收入家庭中的家用电器升级换代快,使用率不断提高;同时,家庭轿车的更新换代快,家庭拥有轿车量不断增加,最高收入家庭的轿车达到了人均 1.5 台。这些变化对能源消耗总量和结构都有较大的影响,会增加电力和原油的消耗水平。

(三) 不同年龄段消费者的生活能源消耗存在较大的差异

本研究发现,不同年份人均能源消耗量不但与收入水平有关系,而且与消费者的年龄也存在一定关系。通过相应数据计算可以大致看出,30~40 岁阶段的人均能源消耗量最大,且增长速度也比较快,具体如图 3-3 所示。

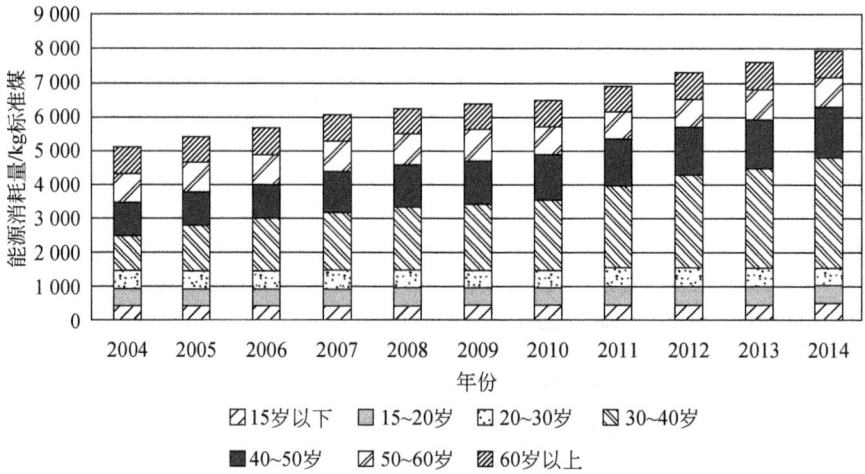

图 3-3　2004～2014 年不同年龄段的人均能源消耗水平

资料来源：《中国能源统计年鉴》数据及内部数据整理计算所得。

图 3-3 数据显示，不同年龄阶段的人均能源消耗量存在明显差异。人均能源消耗量较高的年龄段包括 30～40 岁和 20～30 岁，这两个年龄段的能源消耗结构表现为电力与原油的消费量大，且增长速度快；人均能源消耗量较低的两个年龄段为 15 岁以下及 15～20 岁，这两个年龄段的能源消耗结构表现为电力能源消耗比重高，其他能源消耗较低。相关数据显示：2013 年我国青少年人均能源消耗中 87% 为电力能源的消耗。

同时，人均能源消耗量先是随着年龄的增长而增长，然后又随着年龄的增长而下降，40～50 岁之后，年龄越大，人均能源消耗越少，这也符合人类能源消耗的现象。人类进入老年后，人均能源消耗显然下降，且能源消耗结构中，电力依然是主要的能源消耗类型。

（四）不同地区消费者生活能源消耗水平的差异越来越明显

我国经济发展区域不平衡现象较为严重，首先，城乡之间不平衡，从相关数据来看，我国农村居民人均能源消耗量是城市居民人均能源消耗量的 1/5；其次，东中西地区发展不平衡，不同地区的经济发展水平差异较大，在人均能源消耗总量和结构上也有较大的差异，且最近几年的差异越来越明显，或者说差异和差距都有拉动的趋势。

本节主要以重庆、湖北、甘肃、广东、上海、北京与辽宁7省（直辖市）为研究对象，有针对性地研究各地区居民的人均能源消耗量，具体情况如图3-4所示。

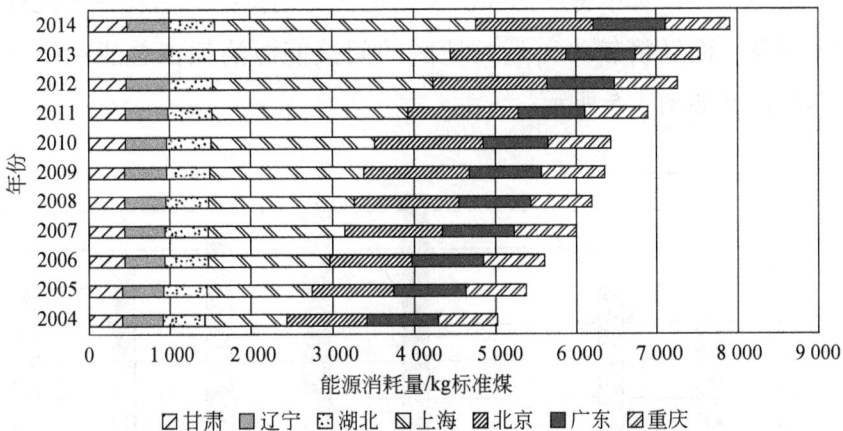

图3-4　2004～2010年代表省市人均能源消耗量

资料来源：2004～2014年各省市统计年鉴、《中国能源统计年鉴》数据资料计算整理所得。

人均能源消耗量与人均收入水平息息相关，因此人均收入较高的省市中人均能源消耗水平普遍较高。同时，2004～2014年人均能源消耗量呈现增长趋势，但2008年大部分省（直辖市）呈现下降状态，尤其广东省的人均能源消耗水平下降幅度较大。总体上看，上海市的人均能源消耗总量最高，而甘肃省人均能源消耗总量最低。

（五）居民能源消耗中间接能源消耗①为主要能源消耗

2009年以来，我国居民能源消耗总量中，间接能源消耗占70%～

———————————

① 直接能源消耗主要是居民消费中直接使用的能源消耗过程，如燃气、电力和石油等；间接能源消耗反映能源使用的全过程，是指消费者消费的各种商品在生产、交换、流通等过程中所耗费的能源在这一商品上的体现。

90%，并且呈现逐年上升的趋势；城镇居民间接能源消耗比例总体上大于农村居民；从消费的商品结构来看，生活必需品的能耗水平呈现递减趋势，而服务性商品和生活非必需品消费中的能源消耗所占比例呈现上升趋势。

从各地区来看，我国居民能源消耗的直接能源消耗与间接能源消耗比例有一定的差异，基本特征为经济发达地区的间接能源消耗在总能耗中所占的比例高，而经济较为落后的地区的间接能源消耗在总能耗中占比较低。具体情况如图3-5所示。

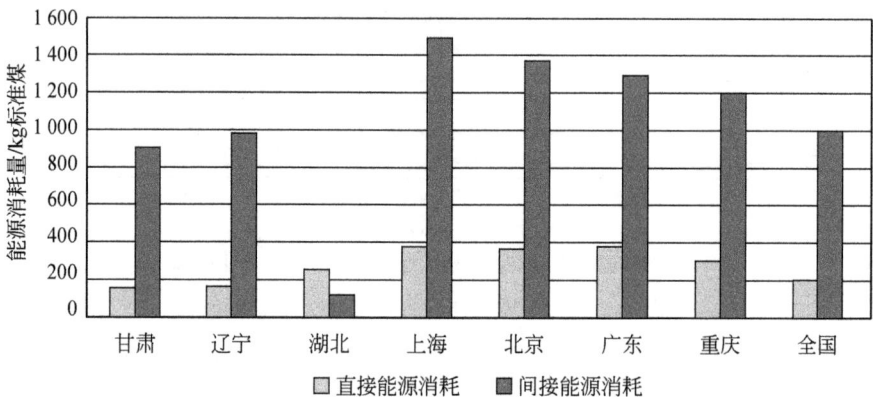

图3-5　2014年我国7个地区能源消耗中直接能源消耗与间接能源消耗情况

资料来源：2014年《中国统计年鉴》《中国能源统计年鉴》以内部数据资料计算整理所得。

我国居民能源消耗中的间接能源消耗水平与商品类型密切相关。将居民消费所涉及的商品按照对生活的必要程度分为生活必需品、非生活必需品和服务性商品三类，从居民消费的三类商品的间接能源消耗占比来看，生活必需品呈现下降趋势，非生活必需品和服务性商品呈现上升趋势，具体情况如表3-13所示。

表 3-13　我国不同类商品消费结构下的能源耗费水平变化趋势

年份 能耗占比*/% 商品类型	1987	1993	2005	2010	2012	2014
生活必需品	65.76	63.44	54.01	56.10	51.03	49.02
非生活必需品	30.12	28.77	37.12	34.89	38.37	39.70
服务性商品	4.12	7.79	8.87	9.10	10.60	11.28

资料来源：1988~2014 年《中国能源统计年鉴》相应数据整理计算所得。

＊这里的能源消耗主要是指间接能源消耗。

由表 3-13 不难看出，生活必需品的间接能源消耗在 1987 年占比为 65.76%，在 2014 年占比为 49.02%，数值上下降了 16.74%；而非生活必需品则上升了 8.58%，服务性商品上升了 7.16%。

三、我国居民能源消耗水平对我国生态消费的影响分析

从我国居民能源消耗水平的研究中可以发现，我国居民人均能源消耗水平仍在不断上升，这样的能源消耗不利于倡导生态消费理念，不利于实现生态消费的目标，不利于形成生态消费模式。居民能源消耗水平对生态消费模式形成的影响主要有以下几个方面。

（一）我国居民能源消耗水平的增长态势制约生态消费的形成

我国居民能源消耗水平的快速增长表现为收入水平的不断提高导致的高能源消耗水平，这些问题与消费习惯有着密切关系，尤其与浪费性消费、一次性产品的使用、高能耗家用电器的使用、过度使用便利性消费以及为保全面子而产生的消费等有密切关系，这些消费与生态消费的观念和方式背道而驰。因此，居民能耗水平快速上升的态势，不利于生态消费的形成；或者说，形成生态消费与降低居民的能源消耗密切相关。能源消耗水平的高速增长严重制约生态消费的形成和推广，引起能源消耗增长的消费方式与生态消费方式背道而驰。因此可以说，降低能源消耗水平是发展生态消费的关键因素之一。

（二）我国居民能源消耗水平的增长态势影响生态消费理念的形成

生态消费理念的形成是多方面因素共同作用的结果，其中居民消费方式的改变对生态消费理念的形成发挥着重要的作用。居民能源消耗水平的不断上升所代表的高能耗消费模式，以及非必需品和服务性商品消费所带来的能源消耗水平及比例的增长，与生态消费模式所提出的要求背道而驰，不利于生态消费理念的形成。生态消费理念一方面要求消费过程中节约及节能减排；另一方面呼吁居民消费要考虑生物生态的平衡，消费过程既不能损害下一代的利益，也不能损害其他生物的利益，提倡消费过程中人与自然的和谐。高能耗的消费态势使生态消费难以实现，因此，从我国能源消耗的分析中可以看出，我国实现生态消费模式的难度很大。

（三）我国居民能源消耗的不平衡特征导致我国生态消费形成地区性差异

从我国生态消费实践来看，存在着地区差异。根据以往的文献来看，生态消费的综合指数在地区间存在明显差异，这种地区差异与居民能源消耗的地区差异基本一致，即能源消耗水平高的地区生态消费综合指数偏低，而能源消耗水平低的地区，生态消费综合指数偏高。因此能源消耗水平与生态消费的形成之间存在较大的关系，在地区差异上的相关性更明显。

四、结论与启示

通过对能源消耗水平的总体分析，不难发现，我国居民能源消耗总水平仍然处于上升时期，近年来的节能减排主要针对工业、制造业等领域，而对居民能源消耗的关注不够，因此居民能源消耗的水平没有下降的趋势。从能源消耗水平的具体数据来看，居民的能源消耗水平对环境恶化的影响越来越明显，而降低居民能源消耗，对生态消费模式的形成有显著的影响，因此国家应该通过各种形式加强居民消费领域的节能减排。

（一）政府通过政策引导与公益宣传，让更多消费者实行生活消费的节能减排行动

居民日常能源消耗的逐年递增对环境的破坏显而易见，比如生活垃圾堆积、浪费等，而居民的消费具有分散性，其生活能耗的降低一方面可以通过市场中的价格行为进行，另一方面要通过政府行为进行引导。政府可以出台相应的政策，引导消费者走节能减排的消费模式；同时可以通过各类公益广告，让消费者知道其日常生活中的能源消耗有多高，让消费者知道每天生活能源消耗的降低对环境保护和可持续发展的作用，从而鼓励消费者养成生态消费的习惯。

（二）政府通过法律法规迫使消费者在消费过程中节能减排，形成生态消费意识

政府可以借鉴国外在消费领域内的节能减排法律法规，结合我国的实际情况，运用有关资源保护与环境治理方面的法律法规及行政手段，对生态消费的现象、消费者节能减排的具体消费行为等进行鼓励和监督；逐步完善消费领域内节能减排的强制性标准等技术法规，使消费者在消费过程中的生态化行为有法可依，且能够较低成本地实现生态消费的目的；同时，政府可以通过政策扶持那些提供环保产品的企业，并且通过各种手段鼓励消费者使用低碳产品、绿色产品和生态产品，从而降低间接能源消耗水平。

（三）鼓励生产企业生产有生态标志或者环境标志的产品

居民能源消耗中的间接能源消耗占比高，且增长快，这与居民消费的产品在生产过程中的能源消耗息息相关，因此，要降低居民消费的能源消耗水平，必须降低其所消费的产品在生产过程中的能源消耗水平，即消费者消费低能耗产品是降低其间接能源消耗的主要途径。而目前国内市场上的绿色产品、生态产品和低碳产品较少，不能满足消费者的需要，因此，鼓励生产企业为消费者生产生态产品非常有必要。

（四）逐步建立生态产业链，形成生态生产、生态流通与生态消费的产业链模式

单方面地降低消费者的能源消耗对可持续发展的作用是有限的，即使是生态消费的形成，也不能单独依靠消费领域的生态行为。从消费者的能源消耗总体状况来看，间接能源消耗的占比很高，也就是说日常消费中的能源消耗较大比例由购买的高能耗产品产生，要降低消费者日常生活的能源消耗，需要从降低消费者所消费的商品能耗入手。这样的购买选择，单从消费者的行为来要求远远不够，因为即使消费者有购买的动力和行为，如果市场上缺乏这类产品的供应和销售，这种购买也无法实现。所以要真正降低消费者的能源消耗，应该从生态产业链的角度来进行引导，逐步构建生态生产，即生产企业要节能减排，生产生态类产品；流通企业在进行低碳经营的同时，通过其强大的分销功能，将生态类产品快速向终端销售；生态生产企业与流通企业通过广告，向消费者宣传购买生态产品的益处，并将生态意识传播给消费者。

第四章 流通创新影响生态消费的
作用机制研究

改革开放 30 多年来，我国流通产业取得了长足的发展，流通产业处于产业链的中间环节，向上连接生产，向下服务消费，因此流通产业的发展对生产和消费均有明显的影响。在现代经济中，流通对生产的作用已经被理论界和实践界充分证实，由此提出了大生产、大流通、大市场的发展策略和长期规划。流通对消费的作用随着经济发展已经逐步凸显出来，并逐渐受到重视。发展流通已经被认为是促进消费的一种重要策略和手段，学者认为流通不但影响消费，而且已经成为除货币收入之外影响消费的主要因素之一。

流通创新是提升流通产业竞争力的主要手段，流通创新对消费的影响力不断增强。2005 年以来，流通创新方式逐步多元化，其中流通产业的低碳化和生态化是流通创新的主要目的，尤其是零售批发、住宿餐饮、物流配送和电子商务业的创新，均与低碳节能息息相关。相关数据显示，流通创新中生态方面的创新占总创新的 70% 以上，从流通创新的过程来看，其对消费的作用和影响也越来越显著，尤其是对消费中的新现象，如低碳经济的超市通过低碳经济的理念引导消费者进行生态消费。从理论方面来看，对流通创新与生态消费的关系的系统研究较少；从实践来看，越来越多的专家认为流通创新在某些方面可以带动生态消费的形成，甚至有企业领袖认为流通创新可以助推生态消费的形成。本章在前两章研究的基础上，运用定量分析的方法，系统探讨流通创新与生态消费的内在关系，及流通创新对生态消费的作用方式和作用机制。

第一节　问题的提出

流通产业作为服务业的重要组成部分，不仅可以带动现代服务业的发展，而且可以促进国民经济的总体发展，对于市场经济发展、消费者福利提升和城市化及城市发展有着重大贡献和战略意义。过去几十年的发展，推动了流通产业的迅猛发展，但是依然存在较多的不足，如流通产业集中度偏低、流通渠道效率低下、城乡流通发展不协调、粗放式发展与依靠劳动投入等。流通产业发展滞后和发展不足，给制造业和消费领域带来了不良后果，甚至影响整体经济效率的提升，如制造业资本周转和经济节奏放缓，城乡居民消费受到非收入方面的影响，导致其消费需求无法满足。而近年来外资流通业在我国的快速发展，致使缺乏创新能力的本土流通产业受到严重威胁，容易导致本土流通领域产生更严重的问题，甚至引发政府在流通领域的宏观调控能力减弱、上游产业失控和下游消费需求无法满足等种种问题，从而给国家经济安全带来一定程度的威胁。

与此同时，影响居民消费的因素有多种，如消费者的收入、国家的经济发展水平、商品的价格及消费心理等，以及流通产业发展水平，如零售业发展状况、餐饮与酒店发展水平及电子商务、物流业的发展等，都是制约和影响居民消费的因素。对以往的研究文献和相关数据资料分析得出，流通产业发展对居民消费的影响程度仅次于消费者的收入水平（高涤陈等，2011）。

一、流通创新对消费影响的综合分析

流通产业对消费领域的影响十分明显，商品流通的模式决定消费者的模式，商品流通的速度决定商品进入消费领域的效率，商品流通的现代化程度对消费者的消费意识和消费行为都有着不同程度的引导作用。流通作为一个系统，其发展应该与其所处的社会环境相适应，积极引导生产和消费。流通创新是实现经济发展方式转变的一个组成部分，通过流通创新转变流通发展方式,有利于提升消费水平、改善消费模式和扩大内需的长效机制。当前,我国正处于第三次消费转型升级的关键时期,如何更好地利用此次机遇,建立流通与消费相互促进的良好发展机制,是当前流通产业发展与转型的首要任务。为此,中央经济工作会议明确把搞活流通作为扩大内需的重要切入点。而就如何搞活流通,从目前我国流通产业发展的实际情况来看,无论是流通产业的转型还是流通发展方式的转变,均需以流通创新为基础:通过流通创新提升流通产业的竞争力、提高流通产业的发展水平、转变流通产业的增长方式,同时借助流通创新,带动上游生产领域的创新和下游消费领域的创新。

(一) 流通创新引导新的消费模式形成

在短期内消费者的消费习惯和消费者偏好基本不变,而从长期来看,消费者的消费习惯是可变的,但其变化需要一段时间。消费习惯一方面取决于消费者的收入水平,另一方面取决于消费者的消费观念及消费者所处的经济和社会环境的更迭变化(伊志宏,2000:14-15)。而消费者所处的经济和社会环境的变化主要包括消费者在消费过程中所涉及的各种经济过程的变化,如消费者购物条件的变化、消费者购买过程中所得到的服务的变化、消费者在消费过程中受到的商家的引导与宣传的变化等。

因此可以看出,消费者消费过程与流通的变化有着重要关系,如流通企业的经营理念的变化,通过企业商场的各种活动及宣传对消费者产生各种影响,改变消费者的消费习惯。尤其是零售批发、电子商务、物流配送、住宿餐饮等这些与消费者日常消费息息相关的行业企业的经营方面的变化,会逐步改善消费者的消费习惯。因此流通创新行为长期改变消费者的消费习惯,使消费者形成新的消费习惯,进而形成新的消费模式。生态流通模式促进生态消费的形成,也符合经济发展规律。

同时,消费的分散性、信息匮乏性和可诱导性等自身特征,决定了消费过程和消费模式的形成需要流通的引导。

因此,研究流通创新对生态消费的作用机制和流通创新的效应,对促进我国消费转向生态消费及促进消费升级具有重要功能，并对实现我国扩大内需、长期可持续发展战略和生态经济体系的形成与完善，保持我国流通领域与消费领域持续稳定发展具有深远意义。

（二）流通创新助推消费升级

我国已经经历了三次消费升级，每次消费升级与流通领域的变动都有一定关系。第一次消费升级（改革开放初期），消费者的消费重点由粮食转向轻工业品，比如服装鞋帽以及其他纺织品，这一转变一方面是由于工业发展对消费的带动，另一方面是由于流通经济的发展对消费的拉动。当时供销社等一系列商业企业的商品销售重点由粮食等农产品，转向轻工业产品；且在市场经济的推动下，产生了新的商业形式，一些百货公司出现，专门销售服装鞋帽，并开始通过各种方式的宣传让消费者了解新产品的优点。当时的商业企业开始主动进行产品的销售，引导消费者转向轻工业品的消费。

第二次消费升级（20世纪80年代末期至90年代末期），消费者开始消费各种新式家用电器，如彩色电视机、冰箱、微波炉等，并开始关注奢侈品的消费，增加了服装鞋帽方面的消费支出。这一变化正好与零售业在我国的大发展同步进行。20世纪80年代末期开始我国零售企业各业态得到充分发展，如1984年8月我国首家专卖店在北京开业；1986年天津立达集团公司创建了"天津立达国际商场"，并在国内率先组建连锁店；1987年我国最早的家电连锁销售企业"沈阳木兰家电连锁"企业成立，标志着我国家电连锁业的创立；1992年"美佳食品连锁店"的创立，标志着我国食品连锁业的形成；1992年9月上海华联超市公司组建，标志着我国大型卖场业态的形成。我国百货业出现较早，以1900年在哈尔滨成立的秋林公司为标志，百货业开始在我国得到发展，但是发展一直较缓慢；直到1990年，我国百货业得到了迅猛发展，在随后的15年中不断创新。零售等行业的快速发展和创新使消费者在日常生活中的产品选择面大大拓宽，消费方式选择空间扩大；家电连锁业和大型卖场的发展，为消费者选择各式各样新式家电提供了空间和场所；同时，由于家电连锁业与大型卖场以及百货业的发展和创新，为消费者提供了更多的服务和宣传，推动了消费升级。

二、消费对流通创新的促进作用

从我国经济发展的历史来看，尤其是改革开放以来，消费、流通与生产的关系是相互促进、相互影响的，流通发展和创新促进消费升级和新的消费模式形成；与此同时，消费领域的变化对流通创新和发展也有推动或者制约作用。

（一）消费需求提升是流通创新的动力源泉

流通与消费息息相关，相互作用，共同升级。流通对于消费的影响固然明显，如可以通过更多更丰富的方式为消费者提供更多的商品和更全面的服务，拉动消费升级和消费数量的增加，但是流通不是目的，只是一种促进消费的手段。流通创新的最终目的不是创新本身，也不是流通本身，而是消费，增加消费数量、提升消费质量才是流通创新的目的。从我国流通发展的历史来看，流通创新是买方市场形成后才起步的，在卖方市场下，流通渠道单一，流通方式落后，流通发展缓慢，因此流通处于从属地位；买方市场形成后，流通得到了快速发展，其发展的动力是消费，流通为了更好地将商品转移到消费者手中，为了让消费者选择消费，采取了多种方式的改革和创新，最直观的是零售、餐饮、住宿行业内一系列的创新活动带来的销量的增加和消费者满意感的提高。因此，消费需求的提升是流通创新的原动力。

（二）居民消费观念改变推动流通创新

在流通产业发展的实践中发现，消费观念超前的地区，流通产业发展既快又好，创新水平高；在消费观念落后的地区，流通产业发展缓慢，流通创新不足。如我国的上海、深圳地区，居民消费观念超前，消费水平高，这些地区的消费对内地的示范作用强。居民消费观念对流通创新的推动作用不可小觑，居民不同的消费观念对流通产业影响深远。改革开放以来，我国消费观念的历史演进经历了三个阶段：理性消费观念（1978 ~ 1985 年）——"感觉"消费观念（1985 ~ 1995 年）——"感性"消费观念（1995 ~　）。理性消费观念时代，消费者之所以形成理性消费观念，是因为当时的居民可支配收入低，消费者在消费过程中只注重消费商品的质量和有用性，购物环境、服务等均不会影响购买，所以当时的零售业发展十分落后，也没有零售企业为了提高销售量而愿意对卖场进行装修，或者为提高销售人员的服务水平而支付高昂的费用。第二阶段是感觉消费观念时代，居民消费对质量的关注减少，开始注重消费过程中的感受，消费选择开始注重品牌、式样和使用的感受，即消费选择的多样化。此时，影响消费者购买的因素开始多元化，除了商品的使用价值，还有购买过程的愉悦性。当时广告和促销已经开始影响消费者的购买，因此很多商场和超市开始进行广告、打折、有买有赠，甚至送货上门的服务，这些行为均属于流通创新的范畴。流通企业之所以选择创新手段，是因为在消费观念指导下的消费者开始注重质量之外的其他因素，推动商业企业进行创新。感性消费观念时代的特征是消费者更加注重购买商品时的满足感，这种满足感是多种因素造成的，比如购买这种商品是否给我带来心理上的一种刺激和满足。在这一时期，市场竞争激烈，消费者在消费选择时也越来越挑剔和苛刻。流通企业为了刺激消费者的购买欲望，并提升购买满意度，必须进行各个方面的创新，这一行为又称为"以消费者为中心的"流通创新行为。

第二节　流通创新的经济效应分析

近年来，理论界与实业界对我国流通创新的关注越来越多，且越来越多的学者认为流通领域的创新对我国宏观经济的辐射作用和贡献力不断扩大。随着改革开放的深入，流通产业的基础地位确立，流通连接供求，并克服生产与消费之间的种种矛盾促进社会再生产顺利进行，这是流通的基本功能，也是流通在社会生产中的基本定位。而随着信息技术革命在流通领域广泛深入的应用，流通改变了社会生产方式和消费方式，并已经深入到居民的日常生活中，如电子商务的蓬勃发展既属于流通创新和流通革命，又带来了流通领域的全面变革，流通效率大幅度提升，流通成本快速下降。事实上，流通创新的意义远远超出了技术范畴的影响，是整体流通功能的进步，涉及流通业态、组织结构和制度演化等诸多方面的推进，同时对上游生产企业和下游消费与市场产生深刻影响，形成一系列的经济效应。分析流通创新的经济效应对深入研究流通创新对消费领域的影响有深刻的意义。

一、促进分工效应

人类社会第三次社会大分工后，商业作为一个独立的行业而形成，此时商人出现，因此可以说，流通产业的出现是社会分工的结果；而流通产业的发展与创新又反作用于社会分工，进而推进劳动生产效率的迅速提高，增加总产值和财富。全社会平均生产力水平的提高，主要依靠分工的细化和深化，而流通创新可以通过微观的商流、物流、信息流、资金流以及各子行业如零售、物流、餐饮旅游等创新，产生新的行业，从而起到分工细化和深化激励机制的作用。具体而言，流通创新的存在和不断升级提高了生产企业对专业化生产的良好预期，使得生产企业了解消费需求时，可以通过中间商收集更加详细的信息。流通产业通过各种创新，能提高其衔接生产和消费的水平，能提高助推生产企业的生产效率和生产领域的专业化，同时能更好地满足消费者的消费需求，并将生产与消费之间的矛盾弱化，形成高效的产业链。

流通企业为了更好地解决消费与生产之间的矛盾，进行了商流、物流、信息流等方面的创新，这些创新活动，促使新的行业出现，使得社会分工更加专业化和细致。如传统流通业只包括商品流通中的零售业和餐饮业，随着流通不断创新和扩展，先后出现了美容美发、洗染、沐浴、家庭服务和摄像等新兴流通业务，且都独立成为一种行业。近年来最大规模的流通创新是电子商务的出现和不断壮大以及零售业中新兴业态的不断出现，这些业务独立为一个行业后，服务业的社会分工明显深化和细化，并出现很多新兴的工种。因此可以说，流通创新功能的扩大，加速了社会分工，提高了社会生产效率，改善了消费结构。

（一）流通创新能够从更具体和更宽阔的范围多层次地承担生产者的交换任务，使生产者更好地专注于生产并提高专业化生产

我国大部分产品进入买方市场阶段，产品流通和分销的压力成为制约生产企业进一步发展的关键因素之一。目前我国流通产业的发展落后于生产企业对流通产业的要求，也就是说，产品难分销与流通产业发展综合水平关系紧密，其中流通创新不足的影响最大，在 21 世纪以来提出的大生产、大市场、大流通，至今依然没有形成，流通渠道的畸形发展和市场经济发展水平的滞后，制约了生产企业的发展与创新。如产品从生产出来到最终消费的时间，我国是美国的 3 倍，日本的 5 倍；产品在流通过程中产生的费用，我国是美国的 4.3 倍，日本的 5.2 倍。我国流通领域的各种昂贵的费用名目繁多，导致我国产品价格与质量不相符；我国市场上的低值高价的产品，50% 以上是由于流通费用拔高了产品价格（中国连锁经营协会，2012）。这样的流通模式和现状对生产企业的制约作用很明显，因此流通领域的创新很有必要。流通创新最终目的是降低流通费用、拓宽流通渠道、改善流通模式等，更快更好地为生产企业承担流通交易的任务，让生产者更好地专注生产。

（二）流通创新能够拓展生产领域的市场范围，推动生产企业分工更加细化，提升生产企业的专业化水平

"分工受市场范围的限制"，"分工起因于交易能力与分工的程度，因此分工总要受到交易能力大小的限制，换句话说，分工要受到市场广狭的限制"（亚当·斯密，1972）。流通的专业化发展和创新趋势，更加拓展

了集中交易，从而替代了生产者之间的分散交易，并为生产者开拓了市场空间，减少了交易的次数，缩短了交易的空间距离，降低了交易的风险。较大规模市场需求状况下，生产企业的分工和专业化水平会更高，这一提高也是流通创新下市场需求拓展的动力所致。

二、资源节约与成本效应

流通创新包括技术创新和非技术创新两个层面，非技术创新是技术创新的基础依托，没有非技术方面的软创新，技术创新难以发挥其应用的功能；流通领域每一次的技术创新活动，都会伴随着非技术创新的出现，两者相辅相成，相互促进。

流通创新的目的是降低交易成本，提高交易效率，而流通产业的出现本身就节约了成本。流通产业节约成本的原理如图4-1、图4-2所示。

假定全社会商品（不包括中间品，主要分析消费品）由 M 家生产商生产，并经过中间商（即各种类型的流通企业）进行分销给全社会的 N 个消费者，其交易模式如图4-1所示（张绪昌等，1994：150-152）。

假定全社会最终商品（不包括中间品，主要分析消费品）由 M 家企业负责产品生产（生产的专业化程度不高），而社会上没有中间商行业，产品由生产企业直接与 N 个消费者进行交易，其他生产商在与消费者交易时与 M 生产商的模式相同，具体情况如图4-2所示（张绪昌等，1994：152-154）。

由图4-1、图4-2不难看出，总交易成本如下：

图4-1中商品流通渠道交易次数为 $R_1 = M + N$，M，$N \geqslant 2$

若假定每次交易平均成本为 C_1

则总的交易成本可以简化为 $C = (M + N) \times C_1$

图4-2中商品流通渠道交易次数为 $R_2 = M \times N$，M，$N \geqslant 2$

若假定每次交易平均成本为 C_2

则全社会总的交易成本为 $C^1 = M \times N \times C_2$

结论：$C < C^1$

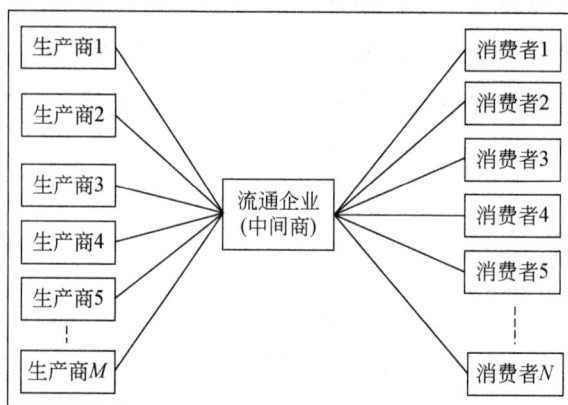

图 4-1　流通产业存在情况下的商品流通简图

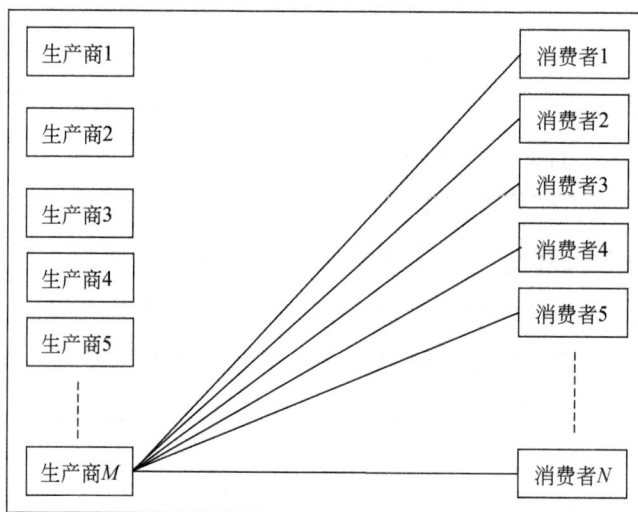

图 4-2　流通产业不存在情况下的商品流通简图

即流通产业可以节约交易成本，提高交易效率。

流通创新的过程是在消费者获得满意的情况下尽量减少 $M+N$ 的次数，同时降低每次交易的平均成本，使交易总成本下降。比如电子商务的出现可以节约交易成本，同时克服交易的空间障碍，使商圈范围无限制扩大，流通效率提升，成本下降。现代流通业态的出现和物流企业的快速发展一方面推动流通规模的快速扩张；另一方面节约了流通成本，提高了流通效率。

三、流通创新的产业联动与产业结构优化效应

流通产业作为连接生产与消费的中间环节，其产业创新与发展水平对上游和下游的影响将会形成一个明显的联动作用：流通创新带动制造业创新，引导消费方式和消费理念的改进，对国民经济的发展发挥着重要作用，产生一系列的经济效应。具体来讲，流通产业的中介产业地位，对上游的生产制造业与下游的消费产业的影响主要是其中介产业的辐射作用。

借用以往研究的成果，一个国家或者地区的产业结果优化指标一般用产业结构升级率 INS 来表示，$\mathrm{INS} = \dfrac{\Delta P + \Delta T}{\mathrm{GDP}}$（$\Delta P$ 是指第二产业增加值，ΔT 是指第三产业增加值）。考虑数据的可得性，流通创新水平一般选用批发零售及住宿餐饮 GDP 占地区 GDP 的比例来衡量，即流通创新水平 CIL = 批发零售与住宿餐饮当年的 GDP 的增量/GDP。

以上述指标为基础，选用 1992 ~ 2012 年数据（数据来源《中国统计年鉴》），运用 Eviews 6.0 软件，对商贸流通业创新水平与产业结构优化之间的关系进行分析。首先，进行时间序列 CIL 和 INS 的单位根检验（具体数据略），结果显示序列经过二阶差分后平稳，两者均为二阶单整序列，满足两变量的协整条件，两者可能存在协整关系。其次，进行时间序列的协整关系检验，检验结果为误差序列在 5% 显著性水平上是平稳序列，表明时间序列 INS 和 CIL 具有协整关系，即流通产业的创新水平与产业结构优化之间存在协整关系。相关检验数据表明流通产业的创新水平与产业结构优化具有正向的关系，且 CIL 每增加 1 个百分点，INS 就会增长 0.3243 个百分点。最后，进行 CIL 与 INS 之间因果关系检验。经过协整检验可以看出，流通创新水平与产业结构优化之间具有协整关系，即两者具有长期的均衡关系，但是长期均衡关系是否能够形成稳定因果关系，还需要进行因果检验。为了避免"伪回归"现象，我们运用误差修正模型，对流通创新水平与产业结构优化进行短期和长期的均衡关系分析（过程略）。结

果显示短期内流通创新可以带来产业结构的优化，而产业结构的优化并不一定能促进流通产业的创新。

第三节　流通创新对生态消费的影响机制分析

自 2008 年以来，中央政府采取了适度宽松的宏观政策来刺激消费，让消费在经济增长中充分发挥有效的作用，从此，刺激内需成为我国长期的政策目标，并且取得了积极的效果。2009 年以来，GDP 的增长率中最终消费支出的贡献率逐年上升。随着居民收入的增加和目前消费环境的变换，我国消费者开始关注消费的生态环境，居民的生态消费意识逐渐形成，并与消费升级同步进行。消费变化与流通领域的引导分不开，流通企业应该把握中国未来的消费趋势和方向，并进行创新和资源的合理配置，引导生态消费走向成熟化并实现社会福利的最大化和消费的可持续发展。

流通创新对消费的影响至关重要，其作用主要在于：通过流通产业层面的创新，激发企业创新。而在低碳经济大环境下，无论是产业创新还是企业创新，都应该围绕低碳运行这一理念展开。流通作为衔接生产和消费的中间环节，其低碳经营的理念和行为，能够对消费者的消费产生深远影响，生态流通企业的经营将逐渐建立生态消费的意识、观念和行为。同时，流通创新会有溢出效应，如流通创新对整个产业链的影响，以及对社会资源的整合，都会间接影响生态消费的形成。具体如图 4-3 所示。

由图 4-3 不难看出流通创新与生态消费之间的关系，也能基本反映流通创新推动生态消费形成的作用方式。流通创新的直接效应主要是批发零售业创新推动生态零售业的形成。生态零售业引导生态消费的形成，零售业的发展可以引导消费，新型的零售经营模式，会推动新的消费模式的形成。生态餐饮与住宿经营模式，引导消费者在住宿餐饮方面进行生态化的消费方式，比如节约。刘益（2012）在《中国酒店业能源耗费水平与低碳化经营路径分析》一文中，通过实证的方法对我国酒店行业能源消耗水

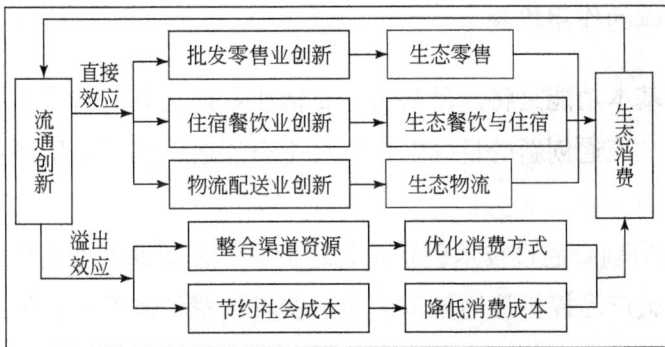

图 4-3 流通创新对生态消费影响的作用机制

平进行研究，并将我国与日本等国家的能耗水平及城市居民与酒店住客的能源消耗水平分别进行对比分析，得出的结论是：我国酒店能源消耗水平比国际平均水平高，比日本等几个国家能源消耗水平高；酒店式消费是家庭能源消耗的 10 倍，或者说在住宿消费模式下，当住宿环境由家庭转为酒店后，日常能源消耗量会提高 9 倍。这一研究说明我国住宿业的生态化经营水平较低，比如酒店中一次性用品的使用会造成能源消耗提高，会造成环境污染，如果酒店实行生态化经营，一次性用品的使用会减少，甚至会消失。我国餐饮业的能源消耗水平也较高，餐饮业的浪费有目共睹，如果餐饮业实行生态化经营，可以在消费过程中引导消费者实行生态化消费，形成生态消费模式，并进行普遍推广。目前，国内物流配送业的浪费现象也十分突出，尽管尚未有学者对物流业的碳排放进行定量的研究，但我们在生活中依然能够感受到物流配送业的高碳经营模式，如物流中的填充物及各种难以降解的包装物的过度使用。这些包装物在消费者收到商品后，会直接被当作垃圾丢掉，所产生的污染相当严重。因此，物流配送业的生态化经营，会通过其具体业务过程展示给消费者，比如重复使用包装物，或者在运输过程中减少过度包装的行为，从而引导消费者参与这种低碳行为。

间接效用主要是流通渠道的产业链整合效应所产生的能源节约、成本节约行为，进而对消费者的引导作用。

一、直接影响的作用机制

流通的基本功能是将产品高效率、低成本地送到消费者手中。在低碳经济背景下，流通创新的目标就是实现生态流通，并引导生产和消费逐渐走上生态化的道路。

（1）流通创新通过技术创新和管理创新，使流通产业走生态化经营的道路，为低碳产品提供流通渠道，为消费者消费低碳产品提供机会，并通过生态产品的品牌宣传，运用广告、促销和现场展示等一系列销售方式的创新，迅速向消费者传递生态生产、生态流通和生态消费的观念和模式，促使消费者产生生态消费的动机，从而引导消费者消费生态产品，并逐渐形成生态消费的理念。

（2）流通创新带来更多的商业模式和更大的购物空间链，商品在不同空间范围内的广泛流动给消费者带来了更大的选择空间，节约了生产企业扩大区域销售的成本、费用和营销宣传成本；同时更好地满足了消费者的个性化需求，通过多种销售平台，使消费需求与生产需求更好地对接，免除了大量生产、大量消费导致大量浪费的弊端，在某种程度上实现了生态消费。

（3）流通产业通过其企业运作形成不同类型企业的生态经营观念，来引导生态消费，如批发零售、住宿餐饮和物流配送企业都将生态经营作为自己的经营目标，可以吸引和激发消费者的生态消费意识。越来越多的中国流通企业表示未来的创新将会围绕生态运作，尽可能做到低碳经营，并引导上下游走生态路线。如 2005 年提出"低碳超市"之后，目前已经有20 多个国家推出并建立了环境友好型超市。2010 年乐购在英国建设了全球第一个零碳型超市样板店。沃尔玛、家乐福等国际大型零售企业也开始建设低碳超市，并提出自己的生态经营目标和节能减排目标及相应措施。沃尔玛的目标是到 2015 年年底，从全球供应链中减少 2000 万吨温室气体排放。家乐福的目标是与 2004 年相比，2020 年能源使用效率提高 30%；并承诺与 2009 年相比，2020 年其在 4 个主要的欧洲国家的门店的二氧化碳排放量降低 40%（Carrefour，2010）。

同时，流通创新可以改善消费环境、丰富消费选择。流通创新通过市场信息的传递，促进生产企业采用新技术、新材料，优化产品结构，有针对性地开发生态产品，比如强化产品的可再生性，尽量采用能耗低的资源等；有针对性地生产消费者需要的产品，避免浪费。与此同时，各大零售企业通过各种公益活动，向消费者宣传生态消费的理念，吸引更多的消费者参与到企业的节能减排计划中。

二、间接影响的作用机制

流通创新对生态消费的间接影响的作用方式主要通过整合渠道资源和节约社会成本两个方面表现。

（一）渠道整合效应下的生态消费方式

流通的主要功能是交换，但是随着流通产业现代化水平的不断提升，流通创新日新月异。流通的购、销、运、存功能在不断深化的同时，流通领域的信息存取量不断增加，流通领域需要整合整个渠道的各个环节，提供生产性、技术性和商业性的综合服务。因此，流通在完成商品交换基本职能的同时，整合上游和下游资源，完成由此派生出的职能如售前服务、广告宣传、租赁业务、储运加工、技术咨询、信息反馈、商业预测和其他社会服务等。流通创新中的生态理念将通过这种"综合服务职能"系统对生产和消费产生影响。流通创新的前提是为了更好地适应多样化的消费和可持续发展战略，从经营战略上引导消费，优化消费方式，虚拟性参与生产。由此可见，流通产业创新发展综合服务业整合渠道资源，能够间接地、深刻地影响消费模式和生产方式。

（二）节约社会成本的生态消费功能

节约社会成本是流通创新的外溢社会职能。同西方发达国家相比，我国处于经济体制转型时期，商贸流通业的改革和转型——如优化产业结构、节约社会成本及增加就业等——可以带动其他方面的改革，同时还可以减轻改革带来的经济震荡。首先，流通创新中的低碳经营促进社会走向可持续发展的同时，可以引导生产和消费，通过流通创新实现生产与消费环节的信息完全、及时、准确对接，尽量消除流通环节的时间滞后，降低库存和商品脱销，使生产、流通和消费各环节趋于"流畅平衡"的高效态势，使社会资源得到有效利用，实现社会总福利的实际增长、居民消费水平的提高和消费模式的改善。其次，通过流通创新，流通产业的劳动力吸纳能力增强。流通产业是劳动密集型行业，其就业吸收空间大；并且，商贸流通业的创新和发展对各相关产业具有一定中间需求，推动相关产业的创新和扩大，从而更大力地推动就业，产生整个社会的巨大的就业乘数效应和创新乘数效应。

第四节　流通创新与生态消费关系的实证研究

流通创新对生态消费的影响方式只能说明流通创新有助于生态消费的形成和推广，而生态消费模式的形成及发展与流通创新能力之间是否存在密切的联系以及关联的程度如何①，通过实证分析生态消费综合评价指数与流通创新综合水平评价指数之间是否具有因果关系有着深刻的制度和政策含义。如果流通创新促进生态消费形成，那么就应该通过流通创新和促进流通产业综合水平的提高来推进生态消费逐步成熟化和消费水平的整体提升，并在全国进行推广。因此，通过探讨两者之间的关系，进一步强化流通创新对生态消费影响的作用机制，以检验流通创新促进生态消费发展的理论假设。

---

　　① 生态消费与流通创新的度量是本研究的一个难点，生态消费模式的度量参考肖军等人（2012）研究中的度量方式，将生态消费模式换算成生态消费综合指数；而流通创新的度量也采用指数法，考虑数据的可得性，选取批发零售、住宿餐饮和物流配送数据进行复合得到计算结果。

一、变量选取与数据来源

（一）变量选取

由于流通产业的产业范畴没有统一的界定，且其边界界定模糊，而各种年鉴中没有专门统计流通产业的数据，因此目前对流通产业的定量研究的数据选取差异较大。为了保证数据的可靠性和可比性，同时保证数据的准确性和连续性，本书主要选取社会消费品零售总额或者批发、零售、住宿餐饮、物流配送的相关数据作为研究数据的基础。流通创新的测算使用流通创新指数来衡量流通创新综合水平（详细计算过程见第二章），流通创新指数借鉴了 Robert（2010）的研究成果，利用流通增长与流通发展指标、流通结构变动指标、流通生态发展指标、流通效益变动指标及流通环境改善指标 5 个一级指标，选取熵权指数法计算综合指数（详细计算过程见第二章）。

生态消费综合水平评价指数则借鉴肖军等（2012）和姚永利（2009）关于生态消费综合水平评价指标的研究成果，按照消费可持续发展性、社会发展和可持续发展程度、资源储备粮与开发利用程度以及环境保护和生态平衡 4 个指标，运用熵权指数法计算我国生态消费评价系数（详细计算过程见第三章）。

（二）数据来源

本书中的回归数据是运用熵权指数法计算多种原始数据所得的综合指数，原始数据主要来源于 1993～2014 年的《中国统计年鉴》《中国环境统计年鉴》《中国环境状况公报》，其中大部分来源于 1993～2014 年《中国统计年鉴》。为了保证在建模中数据的可得性并消除数据异方差的影响，更好地研究两者之间的关系，本书对综合指标类数据进行了适当的处理和调整。

在整个数据的提取过程中，尽量选取统一口径的统计数据，确保数据来源的统一性。在原始数据中有些年份的数据在年鉴中没有统计，这类数据根据统计局的统一推算方法进行推算。

从第二章和第三章的综合计算过程中可以看出：流通创新综合水平评价指数和生态消费综合水平评价指数的计算方法相同，且数据提取的原则相同，这样的数据处理方法，确保了两个指标之间回归的理论基础。形成生态消费模式的影响因素有多种，流通创新综合水平是其中的一个关键因素，为了求证两者的关系，本书采取对两类数据进行回归的分析方法，具体数据如表4-1所示。

表4-1　1993～2014年流通创新评价指数与生态消费评价指数情况

年份	流通创新评价指数	生态消费评价指数	年份	流通创新评价指数	生态消费评价指数
1993	0.412 6	0.236 7	2004	0.616 8	0.377 1
1994	0.441 2	0.275 2	2005	0.621 5	0.378 5
1995	0.441 5	0.292 1	2006	0.622 3	0.378 1
1996	0.453 1	0.313 5	2007	0.627 0	0.378 9
1997	0.472 8	0.324 1	2008	0.631 0	0.379 4
1998	0.495 1	0.331 3	2009	0.632 0	0.379 6
1999	0.553 2	0.341 2	2010	0.644 0	0.380 0
2000	0.584 7	0.348 2	2011	0.655 0	0.380 2
2001	0.591 2	0.354 1	2012	0.742 4	0.375 0
2002	0.603 9	0.363 4	2013	0.903 1	0.426 2
2003	0.613 8	0.371 5	2014	0.874 3	0.494 2

资料来源：根据《中国统计年鉴》《中国环境统计年鉴》《中国能源统计年鉴》《中国环境状况公报》等数据计算所得。

二、模型构建与实证分析

根据数据资料所显示的流通创新与生态消费之间关系绘制散点图，运用Eview 6.0统计软件对流通创新评价指数和生态消费评价指数进行曲线回归分析，分别选取二次曲线、三次曲线、对数曲线和逻辑曲线模型进行拟合，结果如表4-2所示。

表4-2　流通创新与生态消费关系回归结果

方程	模型概要					参数估计			
	R^2	F	df_1	df_2	标准差	常数	b_1	b_2	b_3
对数	0.563	18.5	1	14	0.000	0.392	0.06		
二次	0.783	23.6	2	13	0.001	0.002	1.10	-0.84	
三次	0.790	24.1	2	13	0.000	0.088	0.62	0.00	0.45
逻辑曲线	0.624	23.1	1	14	0.001	-0.841	-0.11		

由表4-2结果可以看出，4个回归模型的统计学意义都比较明显，一般情况下，选择拟合度较好的模型。二次曲线和三次曲线对模型拟合相差较小，但是三次曲线的参数较多，考虑到模型的简洁性与拟合优度，最终选择二次曲线模型拟合的方程，具体如下：

$$y = b_0 + b_1x + b_2x^2$$

其中，y为生态消费评价指数（代表生态消费综合水平），x为流通创新评价指数（代表流通创新综合水平）。

根据回归数据建立回归方程如下：

$$y = 0.002 + 1.1x - 0.84x^2$$

通过实证分析可以看出，模型的各解释变量显著，整体拟合效果较好，方程的解释力较强。从回归方程中可以看出，流通创新综合水平与生态消费综合水平之间存在着相关关系，即当流通创新综合水平小于临界值（约为0.775）时，流通创新综合水平的提升可以促进生态消费综合水平的提高；而当流通创新综合水平大于临界值（约为0.775）时，流通创新综合水平的提升导致生态消费综合水平的降低。这一结果从一定程度上说明流通创新对生态消费的促进作用是有条件的，且流通创新综合水平与生态消费综合水平应该保持基本一致，如果流通创新超越了某一经济条件下的消费能力和生态消费能力，流通创新对生态消费就没有促进作用，同时也能说明流通创新与生态消费同步发展的重要性。

第五节　结论与建议

通过以上的逻辑分析与实证分析，得出以下结论。

一、重视流通创新在生态消费中发挥的重要作用

把流通产业放在激励生态消费的基础性地位上加以规划和发展，加强流通创新对生态消费领域的影响力，将流通创新行为作为促进生态消费发展的重要因素。

国家应该采取措施，制定相应的扶持政策，激励流通创新加大力度，引导流通创新向生态化方向发展。目前在这个方面已经出台了一些政策，但是支持的力度不够，且政策不完善，有些政策缺失。如2010年中国连锁经营协会提出"百家低碳示范商店"项目，项目中制定了低碳经营示范店的评价准则，包括能源消耗数据指标和环境保护管理的具体措施两类指标，但是要促进零售业生态化经营仅仅靠一个协会的评价准则远远不够，需要一系列的政策引导。从国家在生态化、低碳化经营方面的政策措施来看，一方面国家的政策主要偏向于对工业企业的指导、引导及鼓励，直接针对流通企业的政策较少；另一方面超市的碳排放准则尚未出台，没有形成良性的约束机制与激励政策，因此推动零售业的低碳化、生态化的障碍和难度较大。因此，从目前流通企业的节能减排和创新方面的情况来看，效果较差，因此国家应该出台系列政策，鼓励流通企业进行生态化创新。

二、充分发挥流通创新对生态消费的引导和促进作用

发展生态消费需要流通创新提供强大的支持。通过发挥流通创新在批发零售、住宿餐饮及物流配送方面的创新及其扩散效应，同时制定专门的生态消费政策，以引导更多的消费者实现生态消费模式。

2012 年一些咨询公司做了关于"国内生态消费行为"的调查研究，发现，国内一线城市的消费者中 80% 非常愿意进行生态消费（被称为生态人），购买生态消费产品，与自然界生物和谐共处，但是实现生态消费的平台不足，不能满足消费者对生态消费的需求。在调查报告中发现，愿意长期坚持生态消费的居民有 80% 以上在购买生态产品的过程中，遇到了很多障碍，如没有超市销售生态产品，或者销售的生态产品是假货；在消费过程中保持生态化行为很难，比如在超市购物不希望使用一次性塑料袋，但是超市的包装多数使用了塑料袋。消费者在住宿餐饮、物流配送等消费过程中均发现进行生态消费很困难，如酒店中大量使用一次性产品，如杯子、牙膏、牙刷，中央空调的温度太低等；网购收件时发现填充物均为充气的塑料袋，或者大量的泡沫，还有对商品的过度包装等。这些都影响消费者选择生态消费。因此发展生态消费需要流通创新提供支持。流通创新力度较大、创新的生态化方向做得较好的国内省市中，广东省和武汉市遥遥领先，换句话说，广东省和武汉市是低碳流通创新做得比较早的。国内第一部《超市节能规范》在 2009 年 11 月开始试行，武汉市中百仓储参与了该手册和标准的撰写。2011 年 10 月，全国首家"3R 循环消费社区连锁超市"① 在湖北省武汉市和荆门市开设了三家店，主要经营"生态产品"如节能灯、可降解餐具，同时开展以旧换新的业务，促进生态消费。

三、充分发挥流通创新的乘数作用与效应

流通创新对消费者的引导和鼓励作用尚未充分发挥出来，导致流通创新的生态消费乘数作用不明显。加强流通创新对生态消费的鼓励和引导作用，必须采取一些措施和手段。

---

① "3R 循环消费社区连锁超市"是由深圳市格林美高新技术股份有限公司首次创新和投资，其中 3R 是指 Reduce（即减少碳排放，增加生态产品的销售）；Reuse（重复利用，开始以旧换新，可以通过二手商品的寄卖和交换实现）；Recycle（开展循环利用的消费项目，主要是再生资源的交易和循环利用）。

流通创新对生态消费的引导可以通过流通创新向消费者宣传低碳和生态消费的理念，引导消费者尽量购买生态产品，促使生态化向下游产业链延展，这些也是建立生态流通的另一个重点。具体到实践中可以是产品贴碳标签、店铺生态宣传及参观等。

（一）鼓励零售店铺内商品推行碳标签

碳标签是指一种为了让消费者在选购商品时，更好地了解商品从生产到形成的整个过程中各个阶段所排放的二氧化碳以及整个商品生产所产生的二氧化碳的总数量，这样可以使消费者对所选购和消费的商品的环境破坏力从量上有一个整体的认识，作为选购商品的生态指南。各种业态的零售企业如果能够真正推行商品的碳标签，并对碳标签进行各种形式的宣传，甚至公益广告的宣传，使消费者在选购商品的过程中，越来越注重商品的碳排放情况，从而引导消费者消费更多的低碳标志商品。这种行为对各业态的零售企业来说，本身就是一种生态方向的创新行为。2008 年起，乐购超市联合碳信托公司开始在超市内的部分商品上贴出碳标签，成为全球首个推行碳标签的零售企业。到 2012 年，英国乐购企业推行碳标签的商品越来越多，包括灯管、纸尿布、洗衣粉、牛奶、橘子汁等日用品，乐购的相关资料反映，乐购的碳标签长期目标是7 万种商品加贴碳标签（Paul et al., 2009）。我国国内零售企业对为销售商品加贴碳标签的经营行为的响应度较高，但是在经营过程中的具体表现还比较滞后。

（二）零售企业生态经营宣传及生态店铺游览，引导消费者生态消费

为零售店铺的销售商品加贴碳标签是一种通过零售企业创新行为鼓励消费者进行生态化消费的一种形式，除此之外，零售企业可以单独开生态店，将生态店作为一种新型业态进行经营，店铺的经营、照片、音乐、装修、陈列均采用生态材料及以生态为主题的模式，店内的所有商品均为带

有生态标志的商品，即生态产品。企业新店铺开业之处可以做一些社区性的电视类广告，开通免费交通车，组织消费者进行"生态店面游览"项目，并赠送生态产品，在游览过程中向消费者介绍生态店铺销售生态产品的各种意义，通过实验的形式向消费者展示生态化经营的具体措施和好处。在生态店内推行生态消费会员卡，消费者购买生态产品积分达到一定量可以给予一定奖励。同时在生态店内可以设置废旧电池回收处，消费者将废旧电池送回到回收处后，可以获得一定数量的生态消费会员卡积分。生态店内可以定期组织生态消费综合讲座，宣传生态消费、生态零售的必要性和紧迫性。

虽然生态店铺开设的初期成本高，成本回收难，但其功能可以有多方面的拓展，具有较强的社会价值，并能为低碳经济做出巨大贡献，因此政府应该给以一定资金和政策的支持，鼓励零售企业多开设生态店，这样生态产品的销售量也会增加，从而带动生态企业更多地投入到生态产品的生产中，并减少污染性较强的产品的生产。

四、多种渠道促进生态消费的形成

生态消费的形成和推广不能仅仅依靠消费领域努力，还应该重视流通领域对生态消费的影响。流通创新对生态消费的作用更多地体现在零售、酒店、餐饮、物流配送及电子商务的创新对生态消费的影响以及资源整体配置和调节机制。如近年来在低碳经济背景下提出的低碳超市，发展低碳超市要求能耗占其经营成本的10%~20%，且要求经营一定比例的生态产品。低碳超市的经营不但有利于环境保护，更重要的意义是促进生产商和消费者形成生态生产和生态消费的意识，建立生态产业链。如乐购超市2005年开始"生态超市"的建设，沃尔玛于2009年在中国开始提出建设"低碳超市"，且明确指出要建设"生态超市"就是要从采购生态商品，保证零售、配送、仓储与消费生态化，及回收废弃物等整个产业链的各个阶段各个环节的生态化、低碳化，争取建设零碳排放的超市①。我国国内大型零售企业在国外零售企业的带动下已经开始建设"生态超市"，但是由于各方面因素的影响，本土超市在生态化理念及行动上较为落后。因此，要想在消费领域实现生态消费，通过国家—产业—行业等多方面促使流通创新在生态方面取得突破性的进步，是一种有效的、辐射性大的策略。

① 零碳超市主要是指超市将碳排放与补救平衡，即一方面减少低碳排放，如使用节能灯、减少过度包装、控制购物袋及一次性塑料袋的使用，一方面将总共释放的碳量通过补救措施来降低。因此在业内这种超市又被称为碳中和超市。如乐购的零碳超市在一年内向国家电网返还的电量等于甚至大于自身能耗，不产生碳足迹。

第五章 基于流通创新视角的生态消费体系构建及运行机制分析

　　消费体系是互相关联的各类消费行为和活动的有机统一体，包括消费主体、消费客体、消费环境、消费行为、消费结构、消费方式和消费者保护等一系列与消费过程相关联的问题，因此生态消费体系是与生态消费相关联问题的统一体。生态消费的研究历史短暂，因此研究生态消费体系问题的学者较少，目前尚未形成规范的概念。本书以相关研究文献为基础，提出生态消费体系的概念。

第一节 基于流通创新背景下我国生态消费体系的结构分析

一、生态消费体系的内涵及特征

　　消费体系是消费经济学研究的一个重要内容，是将消费相关问题进行系统化的研究，其研究源于20世纪60年代，至今发展仍不够成熟，研究成果也较少。进入21世纪，消费问题在经济发展中越来越受到重视，单独研究某方面的消费问题受到了多方面的制约。对消费的系列问题进行整体研究，即研究消费体系，成为当前研究消费问题的必然选择，也是未来研究消费问题的主要方向。为了更好地研究消费体系和生态消费体系，本章首先简要分析消费体系和生态消费体系的概念。

（一）生态消费体系的内涵

1. 消费体系的内涵

消费体系强调将各类消费问题和消费行为系统考虑，而不是单独考虑某一方面问题和行为的最优化。

我国关于消费问题的大部分研究成果依然停留在对消费某方面问题的研究，如消费水平的研究（主要是如何提高消费水平、如何提高农村消费水平）、消费方式（模式）的研究（主要是如何改善消费方式、如何改善农村居民的消费方式）等。目前从现有历史文献来看，研究消费体系的学者主要研究绿色消费体系，但其研究资料中并没有给出消费体系的规范概念和界定。

2. 生态消费体系的内涵

结合上文对生态消费及消费体系的研究，本书所分析的生态消费体系可以概括为：以可持续发展为目的，以生态系统演化规律为基础，以构建科学文明的消费行为为前提，以提升消费综合能力为目标，而形成的生态化的消费内容、合理的消费结构、科学文明的消费主体、生态化的消费客体、可持续的消费方式、与经济发展相适应的消费水平，以及生态消费权益保护等多个系统的统一体。

在把握生态消费体系内涵时，必须注意以下几个方面的问题：

第一，研究生态消费体系，必须倡导消费的系统性和消费的可持续性，并提倡合理消费。人类消费行为的正确方向依托生态消费体系反映出来，生态消费体系必须有助于引导消费，促使人们围绕生态发展方向的目标进行可持续性消费行为和消费过程的选择。

第二，生态消费体系的研究必须解释消费系统的内在规律，促进生产、消费、流通的和谐发展，同时促进消费、生态、经济增长之间的良性发展。因为生态消费体系是通过反映消费未来的发展方向，使人们的消费行为在消费系统中尽可能地遵循消费领域的普遍规律。正确处理消费与社会资源、经济发展、社会变化等方面的关系，从而促进消费行为、经济发展与社会进步之间的生态关系。

第三，必须体现出消费行为和过程的系统性和统一性，反映消费各种问题之间的相互促进，并能反映消费与外部系统的相互影响，如国家政策对消费体系的影响。生态消费体系建立的系统性生态型消费方式，有助于使消费行为和过程更趋于科学、客观和健康。

第四，生态消费体系应该体现消费的可扩展性和可发展的原则。生态消费体系倡导的是一种强调可持续发展目标与人类全面发展合二为一的消费理念。

（二）生态消费体系的特征

1. 生态消费体系的系统性特点

生态消费体系最重要的特点是消费问题的多方面系统化，首先体现在消费系统的内在消费问题的关系上。因此，生态消费体系要求体系内部各要素之间互相联动，互相促进，组成有机统一体，形成良性循环。

同时，生态消费体系内部与外部之间形成一种有效作用机制，不能单独考虑构建生态消费体系，必须将生态消费体系建立在生态经济、生态环境、生态流通及生态生产整体框架中。单独的生态消费体系不可持续，且很难保证其作用和功能的发挥。因此生态消费体系是一个内部与外部系统性统一的体系，内部之间的良好作用机制及外部的良性机制均非常重要，或者说外部运行机制是内部生态消费机制的基础，内部生态体系消费机制是外部运行机制在消费领域的表现形式。

2. 生态消费体系反映适度的消费规模

生态消费体系中反映了适度的消费规模，后者强调人类消费过程在满足消费需求的同时，关注人类需求所依赖的资源状况，做到消费与资源环境的同步性。生态消费中所体现的适度消费主要包括三个方面的意义：

第一，消费数量与生产力发展水平相适应。从目前我国所处的经济发展阶段来决定我国的消费模式，适度消费要求消费水平、国民收入与劳动生产率增长速度保持同步。适度消费要求消费数量不超过生产能力和当前的技术水平，尤其是消费规模，否则可能导致资源在一定时期内过度使用；消费规模也不应该过度小于生产能力，否则会导致生产能力的大大剩余，会产生失业等问题，也将产生资源浪费的现象；同时，消费水平不要超过一国的经济发展水平，否则会导致超前消费。

第二，适度消费要以满足人类的生存需要和发展需要为前提。适度消费的"度"强调了满足需要即可，不要有过度的欲求，不要造成资源的浪费，注意消费过程中的垃圾产生量和垃圾对人类的危害。

第三，消费要考虑自然演化规律，任何消费都要与自然资源禀赋保持发展上和增长上的一致性，否则，消费将难以为继。

3. 生态消费体系反映合理的消费结构

消费结构是消费体系的一个方面，指人类在生活消费过程中所消费的所有商品或服务的组合关系，或各类商品或服务之间的比例关系。消费资料从不同的角度看有不同的内容，如按照消费者对自身的需要层次来分，消费资料包括生存型消费资料、享受型消费资料和发展型消费资料；按照消费者所消费的内容不同，消费资料可以分为吃、穿、住、用、行等；按照消费者所消费商品的环保特征来划分，消费资料可以分为生态型消费资料和非生态型消费资料；按照消费过程是否节约，可以将消费分为节约型消费和非节约型消费。不同消费资料之间的比例和组合关系就形成了消费结构，这种关系不是一成不变的，其演变规律与消费者所处的经济发展阶段及产业结构调整所处的时期密切相关，同时和社会文明息息相关。

不同的经济发展水平与不同的消费结构相对应，生态消费体系中所反映的合理的消费结构主要强调各类消费之间的关系与消费者本人的实际情况保持一致的同时，也要与经济发展和产业结构演进保持一致。同时，消费者在消费过程中过多消费非生态类产品，消费过程中随处乱扔垃圾，且经常性选择浪费型消费，这种消费结构也不能反映生态消费体系的特征。

生态消费体系所反映的合理的消费结构要求消费者在消费过程中尽量多选择发展型消费和生存型消费，而少选择享受型消费；尽量多选择生态型消费产品进行消费，而尽量少选择非生态型消费产品的消费；在消费过程中尽量多选择节约型消费，而少选择浪费型消费，这就是真正反映生态消费体系的合理消费结构。这一特征标志着消费结构由低级向高级的逐步演进，也体现了消费水平的不断提高、消费质量的不断提升，从而可以真正在消费领域实现能耗低、耗费小、污染少、质量高的生态消费体系，尽量将对生态环境和社会文明有害的消费控制在最低水平，使整体消费与经济及社会发展保持同步，生态消费结构将趋于平衡和合理化。

4. 生态消费体系体现公平的消费原则

从生态消费体系的概念分析可以得出这样的结论：生态消费体系强调外部系统（如环境系统、经济系统、社会系统）和内部系统（生态消费系统）的相互作用的良性运行，是一种将经济系统与生态系统规律合二为一的规范的消费系统。因此，生态消费系统所体现的公平原则，不但包括人与人之间消费的公平，更强调人类消费过程中的人与自然之间的公平性，即人类不能为了满足自身的需求而损害自然界的生态平衡。

生态消费体系中所体现的公平消费在强调同代人之间消费公平性的同时，更重视代际间的公平性。生态消费体系中的公平消费特征要求所有消费者在消费的过程中既有权享受环境和资源，更有义务保护环境和赖以生存的资源，不能浪费生态环境中的任何资源。生态消费体系的公平消费强调消费的平等性，尽量避免消费差距过大的现象，因为消费差距过大是一种非生态消费现象，从社会学的角度来看，会因为不公平导致社会问题产生；而从经济学的角度来看，这种消费行为既是低效率的又是不可持续的。

5. 生态消费体系以科学文明的消费行为为基础

生态消费体系就是要逐步消除消费过程中的一些不科学、不合理和不文明的消费行为和消费过程，构建科学文明的消费行为，让消费的科学知识引导消费者进行合理消费、规范消费、知识化消费，使人类的各种消费行为，如吃、穿、行、娱乐、服务等，既满足自身消费的需要，又能满足其消费过程的科学、文明、智力的需要。通过自身的消费行为让消费者学会节约资源、保护环境、增加人格，逐步实现人类消费过程中物质文明与精神文明的统一。

6. 生态消费体系以合理的消费目标和消费需求为前提

生态消费体系要求在消费过程中尽量早地实现贫富差距最小化，当然也并不是追求消费过程中的绝对平均主义，而是个人根据自己的实际情况选择合理的消费，既要避免高收入消费者因为富裕而进行浪费型消费，又要防止因为贫穷而导致的消费严重不足的现象。实现消费过程中总福利提高的同时，尽量减少因为消费者不当的消费习惯和行为而产生的各种浪费和资源的过度过早消耗，从根本上实现消费的可持续性和人类发展的全面性。

同时，生态消费体系重视消费的梯度性，即尽量避免消费的雷同性、消费过程的攀比性和过度追求消费流行的行为，建立不同层次、不同水平的消费模式。

（三）生态消费体系构建的必要性

构建生态消费体系是系统研究生态消费和将生态消费有效应用于实践的前提和基础。构建生态消费体系是将零散的生态消费行为和意识化零为整，将分散的生态消费问题在一个框架中进行整合，不但重视个体的效用，更加重视个体之间的相互影响力的发挥。当前构建生态消费体系是我国发展生态产业的必然选择。

1. 构建生态消费体系是我国发展低碳经济的必然选择

无论是京都会议还是哥本哈根会议，都认为要想发展低碳经济，必须以工业低碳化经营为基础，通过推动生产企业的节能减排和对环境、气候的保护，来实现最终的环境保护的目标，从而从根本上解决气候变暖的问题。但是经过十几年的实践和理论研究发现，单单从工业低碳化出发，来实现低碳经济模式是不可能的，在利益驱动模式下的商业快速发展，已经形成的过度物质倾向的病态超前消费模式呈现出变态化、高碳化和浪费型的消费模式，也在很大程度上制约着低碳经济的形成和发展。无论从减排方面，还是从社会文明形成的要求来看，低碳经济的发展离不开生态消费的形成和生态消费体系的不断完善。

2. 构建生态消费体系是发展生态产业链的基础和重要组成部分

近年来，生态产业链的研究开始由生态工业转向生态流通及生态消费，生态工业、生态流通业得以运行的关键理论是工业生态理论、流通生态理论及循环经济理论，并构建类似于自然生态循环运行系统的产业链系统，即"生态产业链"。所以"现代生态产业链"的内涵主要以产业链上中下游各企业之间的协作为基础，指在某一区域范围内的上游、中游和下游参与者，按照自然生态系统的要求，在生态工业—生态流通—生态消费的运行过程中以资源节约和提升资源效率为目标形成一种生态化行为的产业链[①]（唐晓华等，2007）。

生态产业链的构建更多要求工业、流通与消费的生态化协作共赢。工业生态化的研究从 2002 年开始就体现出以工业体系的构建为基础的生态工业，但是对生态产业链中生态流通与生态消费的研究滞后，导致生态流通体系与生态消费体系对生态产业链的贡献和作用在理论上没有显现出其应有的价值。近三年来，生态消费对生态产业链的基础作用越来越凸显，只有生态工业的生态产业链没有生命力，生态产品到终端经常卖不出去，消费者不接受，导致生态工业面临生存的威胁（杨海丽，2013）。因此，构建完整的生态产业链必须以生态消费体系为基础和重要组成部分。

3. 构建生态消费体系是提升生态消费效率的前提

单独的生态消费模式的转变，不一定能够提升消费水平、改善消费结构，因为在研究生态消费模式转变时，没有将消费水平的提高、消费结构的改善、消费主体和消费客体的转变以及相关问题进行系统考虑，因此，消费模式转变往往实现不了最终想要的目标。要实现目标，需具有系统观念，将生态消费的系列问题进行系统考虑，最终生态消费效率的提升将是一个必然结果（李凯，2010）。

---

① 生态产业链的概念借鉴唐晓华等（2007）的研究，并根据研究生态产业链的各类专家所提出的概念进行修正而成。

二、我国生态消费体系的结构分析

生态消费体系是生态消费内部体系与外部体系之间复杂作用的表现。生态消费作为一种高级的不断进步的消费方式，一种人与自然和谐发展在消费领域的体现，其体系包括内部要素和外部要素两个部分。

（一）流通创新背景下生态消费体系的主要内部构成要素

从研究的历史文献来看，生态消费偏重于理念方面的研究。事实上，生态消费的研究既是一种消费理念的定位，更是一种消费过程的引导，对生活消费发挥着重要的引导作用。生态消费行为和过程连接了生态消费主体（所有的生态消费者）和生态消费客体（生态消费商品），而生态消费主体和生态消费客体是生态消费体系研究的重要理论内容，是其他内容和要素的基础，研究生态消费主体和客体对促使消费者转向生态化的消费行为有深刻的理论意义和实践意义。

1. 生态消费主体

所有参与生态消费的消费者均为生态消费主体，是生态消费行为和过程的原始动力。消费者是否选择生态消费品进行消费，是否选择生态消费行为和方式，决定了生态消费市场的生态需求的数量和质量。

（1）生态消费主体的内涵

消费者是对各种商品和服务产生消费行为的各类"主体"。消费者分为现实消费者和潜在消费者两类。

本书所谈的生态消费主体是指具有生态消费意识、关心生态消费环境、对生态消费品和服务具有现实购买力和潜在购买意愿及购买力的消费群体（姚永利，2007：35）。生态消费主体包括狭义和广义两个方面，狭义的生态消费主体是指普通生态消费居民，广义的生态消费主体包括选择生态消费行为的政府、企业及居民个人。本书研究生态消费体系中所谈的生态消费主体主要是指广义的生态消费主体。

（2）生态消费主体的特征

生态消费主体是生态消费产品的最终购买者和消费者，也是生态消费行为的参与者。生态消费主体通过生态消费行为保证消费的健康，并对环境保护和低碳经济做出贡献，肩负生态保护的社会责任。生态消费主体主要包括以下几个方面的特征：

第一，生态消费主体不是单纯的消费者。生态消费主体是追求社会责任的消费者，或者说具有较强社会责任感的消费者。生态消费主体在消费过程中不但重视自我需求的满足，更重视消费过程的环境保护、低碳及能源节约。生态消费主体在消费过程中摒弃了无节制的奢侈和浪费型消费方式，在消费过程中尊重人、植物、动物以及其他生物应该拥有的权力，尊重自然生态环境的客观规律。生态消费主体在日常消费中会尽量购买生态标志类产品，尽量不消费高碳产品和对环境有害的产品。生态消费主体经常通过日常消费行为宣传生态消费的益处和必要性。

第二，生态消费主体的行为具有较强的溢出效应。生态消费主体行为的溢出效应是指消费主体在进行生态消费过程中通过各种方式和手段对周围消费者做出的生态消费示范作用，从而带动更多的人参与生态消费，成为生态消费主体。从社会实际情况来看，生态消费主体一般具有较高的素质和较强的经济实力，这种类型的消费主体，本身具有一定的影响力，他们的消费行为经常被周围的人所模仿。而他们选择的生态消费又是一种新型的消费习惯和行为，一种文明消费的行为，一种被社会接受和认同的消费行为，因此被接受的程度高。同时，选择生态消费的消费主体，本身的消费行为和消费选择已经为社会发展节约了成本，行为本身就属于一种溢出效应。

第三，生态消费主体追求的是一种生态、社会与经济发展三位一体的消费模式。自 20 世纪 60 年代以来，欧美国家的环境保护运动逐步兴起，并得到迅速发展，人类消费的自我中心主义观念逐步被抛弃，开始关注消费过程的多方面协调，关注人类之外的消费公平性，因此生态消费主体已经不是经济学中所假设的理性人，或者说经济人，而是逐步演变为生态经济人（又称生态人）。经济人在消费过程中追求的是其自身的效用最大化，而生态经济人在消费过程中追求的是人类生态环境、人类自身、社会及经济发展的多重利益的最大化及均衡化。生态经济人在消费过程中不仅考虑自身需求是否获得最大化的满足，而且会考虑自身消费行为是否损害环境和他人的利益，是否损害社会文明，是否侵占下一代人的资源。因此可以说生态消费主体在消费过程中寻求人类生态、社会及经济发展三位一体的消费目标和消费模式。

第四，生态消费主体注重生态需求的满足。大多数学者认为人类要想持续生存，各类需求被持续满足，必须以生态消费为前提和目标。生态消费目标下的需求被称为生态需求（柳杨青等，2002）。因此，生态消费主体的需求包括生态需求、物质需求、精神需求和社会需求，其他需求的满足是以生态需求为前提的。生态消费主体通过自己内在的各种需求被满足的过程来实现对环境的保护，实现人与自然的和谐发展；也只有这样的消费行为，才能保证各种需求被持续满足。

2. 生态消费客体

生态消费客体就是生态消费品，生态消费是否能实现，很大程度上取决于生态消费品的可得性和选择性。可以说，生态消费客体是生态消费的基础，研究生态消费客体，对生态消费模式、生态消费水平和生态消费主体的消费行为有着重要的意义。

从目前的文献来看，对生态消费客体的研究比较少，对其概念也没有公认的权威界定，有文献提到生态消费品是指"当代企业在生产过程中为了保护生态平衡和生态环境而生产的一些具有生态特性的产品群"（司金銮，2001）。这个概念尚不属于一个成熟的概念，是一个缺乏规范性的不严格的说法。

根据生态消费客体是否有人的参与，本书所研究的生态消费客体包括两类：一类是纯天然的生态消费客体，这类生态消费客体不需要人类活动参与，如空气、水、整体环境，这类生态消费客体具有一定的公共物品的特性；另一类生态消费客体是自然与人相互作用形成的产物，其中自然界是主体，而人类劳动是协作参与，起辅助作用。如果人类劳动在自然资源基础上进行合理生产，就可以生产出生态产品；反之，如果人类的生产以破坏自然资源为前提，超越自然资源允许的范围进行生产，如大量排出污水或者有毒有害气体，这种类型的生产所对应的产品，不被称为生态消费客体。

本书所研究的生态消费客体是指按照客观自然规律和可持续性发展的基本原则，在产品生命周期的整个过程，运用一定的生态技术和节能新技术，经过专门的生态机构认证和许可所生产的产品，此产品必须贴有专门机构给予的生态标志。

因此，生态消费客体应该具备以下特征：第一，生态消费的研发与生产必须以保护环境和自然资源为前提；第二，生态消费客体的生产过程不能导致资源的浪费和废弃物的排放；第三，生态消费客体的研发和生产结果是产品的生态型；第四，生态消费客体的生产技术是节能型或者新型的生态技术；第五，生态消费客体需要贴公认的生态标志，或者必须经过认证；第六，生态消费客体包括生态实体产品和服务两类。

3. 生态消费模式

本书所界定的生态消费模式具有系统性，将生态消费内容、生态消费结构、生态消费方式及生态消费规范多方面的内容组合。在这一消费模式的界定下，甚至出现了一种特殊的消费行为，因此，消费模式的研究是消费体系构建的基础。

对生态消费模式的理解需要把握几点：

第一，倡导适度的、科学合理的、可持续性的消费行为。生态消费模式不但是一种消费模式，更是指导人们做出正确选择的消费方向，促使人们消费行为的各个环节要以可持续发展和低碳经济目标为前提和基础。

第二，揭示消费领域的可持续发展的内在规律，促进消费领域的生态化、低碳化，并形成生态、社会与经济低碳化发展的健康循环。因为生态消费模式通过改善人类消费习惯、形成新的消费模式、反映消费领域的新的发展方向和趋势，促使人类的消费行为尽可能遵守低碳化和生态化的客观规律，引导消费者正确处理自身需求、资源、环境与经济发展的多层次、多方面的关系，从而促进生态消费在低碳经济中协调发展。

第三，生态消费模式体现了消费领域节能的主要规范，反映一国低碳经济发展中的消费领域的基本政策。生态消费模式所建立的消费范式，对建立科学、文明、健康、规范的生活方式有着明显的促进作用。

第四，生态消费模式充分体现了消费的发展性和可持续性。生态消费模式强调各种消费主体的消费过程既符合可持续发展的目标又有利于人类消费行为的全面发展。

4. 生态消费权益

我国生态消费主体在进行生态产品消费的过程中，消费者权益经常受到侵害，如生态消费主体购买的生态产品是假冒伪劣产品，在生态旅游过程中没有感受到生态旅游的特殊性和生态性。因此生态消费主体的权益必须受到保护，否则生态消费主体会越来越少，或者说消费者不敢选择生态消费模式。

生态消费权益是指生态消费主体在购买和使用生态商品（或者劳务）的一系列生态生活消费活动过程中，应该享有的基本权利和应该得到基本利益。生态消费主体的权利和利益是相互依存的。在市场经济社会，生态消费主体的权利从形式上看必须由法律确认，并进行立法保护；但从本质上来看，是一种货币权利的体现。生态消费主体在生态产品消费过程中的利益被反复侵害时，会放弃购买生态产品或者服务，放弃选择生态消费模式。

因此，通过各种手段对生态消费主体在生态消费过程各环节的权益进行保护是必要的，也是保证生态消费体系形成的条件。

（二）流通创新背景下生态消费体系的主要外部构成要素

生态消费体系的外部构成要素主要包括低碳经济发展水平、环境资源保护状况、生态产业链的发展水平、生态产品市场的发育水平和国家对生态消费的政策支持体系等多种要素，各要素对生态消费体系构建的影响均很明显，具体如下所述。

1. 低碳经济发展水平

低碳经济是指基于可持续发展理念，以技术创新、制度创新、产业发展转型和升级以及新能源开发和利用为基础，在经济发展中尽可能减少高碳能源消耗（如煤炭和石油），降低温室气体排放，达到经济增长、发展与生态环境保护双赢的一种经济发展模式或者形态。低碳经济发展水平的高低对生态消费的影响主要包括以下几个方面：第一，低碳经济发展水平高能改变消费者的消费习惯，促使生态消费习惯的形成和推广；第二，低碳经济的不断发展能改变消费行为，使消费行为低碳化；第三，低碳经济发展水平高能改变消费模式，助推生态消费模式的形成。

2. 生态产业链的发展水平

生态产业链的发展水平对生态消费体系建设发挥着较强的作用，主要是促进生态消费产业的形成，以及将生态工业—生态流通业—生态消费的平衡发展作为生态产业链发展的目标，因此生态产业链的形成和发展促进了生态消费综合能力的提升，对生态消费体系的建设具有较强的拉动作用。从以往的少数文献中可以看出，生态产业链的发展水平与生态消费水平之间存在着明显的关系。

3. 生态产品市场发育程度

生态消费体系中生态消费的供给与需求是关键内容，而生态产品的供给、需求与生态产品市场发育程度息息相关，如果没有生态产品市场的健康发展，生态产品的供给与需求无法完全实现高效率。从流通创新的视角来看，生态产品的市场发育程度直接影响生态产品的实现。因此，生态产品市场发育程度是生态消费的外在影响要素中较为关键的要素之一。

第二节　基于流通创新背景下我国生态消费体系的运行机制

生态消费体系的形成包括两个层次，即外部要素和内部要素，两种要素相互作用和支持，形成生态消费体系。本书所构建的生态消费体系主要是针对内部要素的构建，但为了构建更加科学的内部要素体系，必须要掌握内部要素与外部要素之间的相互作用模式。

作为一种复杂而开放的体系，生态消费体系不是单要素形成的，而是各种要素相互作用的结果。外部环境要素对生态消费体系的建设和发展发挥着重要甚至是决定性的作用。相关研究表明，内在体系的形成，必须以外在体系和环境为基础，人们不能孤立地构建生态消费体系，如果外部环境不支持生态消费，生态消费体系势必很难推进。因此生态消费体系不能在一个孤立的环境中形成，而必须在一个不断演进的环境中以及生态经济、低碳经济、低碳产业链和低碳流通业不断发展的基础上形成。

近几年的研究成果基本有一个共识：即生态消费是生态经济中的一部分，无论是生态消费还是生态经济均由经济之外的政治、权利、利益等多种因素所决定。因此我们在研究生态消费体系的过程中，应该从相互联系的结构上研究其构建，而不是在一定的模式下研究特定的体系。事实上，在当今的低碳经济与生态消费环境下，生态消费体系的构建更受制于一个国家对低碳消费政策的重视程度，生态消费体系的构建过程也越来越趋于动态化、集成化和综合化。因此，我国生态消费体系构建应该遵循以下运行机制：

在消费主体的需求、生态工业企业和产业及国家低碳发展战略指导下，首先确立生态消费体系建设的目标，从目标出发进行生态消费体系建设的总体设计，设计生态消费体系建设要实现的主要功能；然后选择构建的主要手段和措施；最后将这些手段、措施应用于生态消费体系各个子系统。

具体情况如图5-1所示：

从图5-1的运行机制图可以看出，生态消费体系的构建依托外部要素和内部要素，使两种要素复合的措施是政策支持、生态产业链发展水平（流通创新基础下的）、市场发展的支持和法律支持。构建生态消费体系，需要法律支持，如生态消费权益保护应该通过出台生态消费保护法来保证

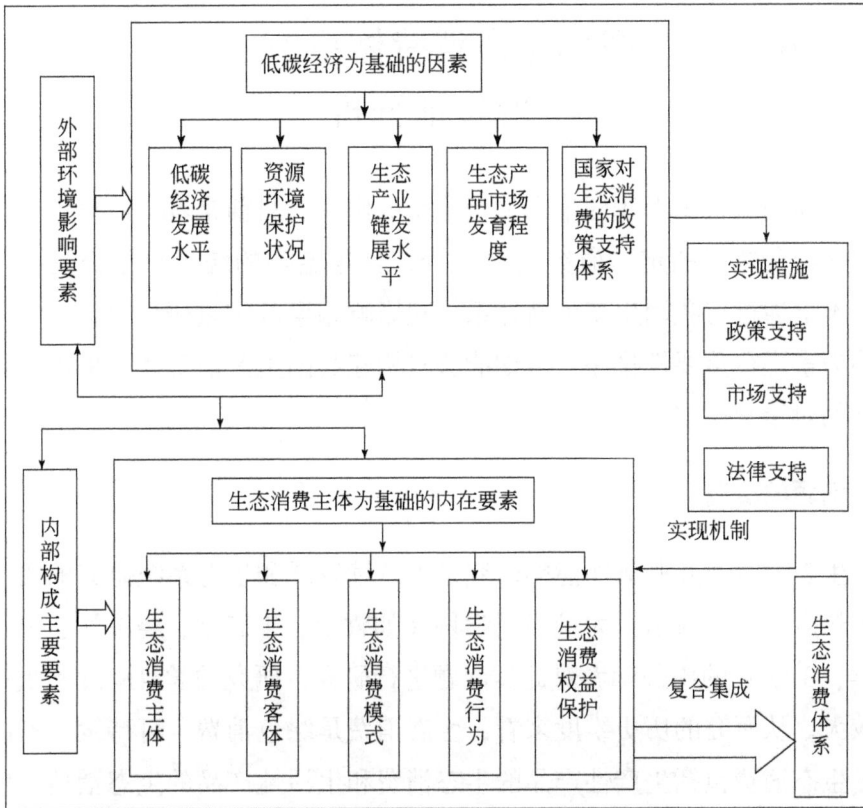

图 5-1 生态消费体系运行机制

生态消费主体的利益不受侵害，从而保证生态消费品畅销。市场支持主要体现在市场发育完善和发育程度，生态消费体系的建立必须依托生态市场的发育，从而在一个高效率的市场平台上实现生态供给与生态需求，形成生态消费模式。生态产业链对生态消费的影响是较为直接和明显的，其中流通创新的影响最为直接和明显。运行机制的内部要素中生态消费模式是一个由生态消费结构、消费水平等多种因素构成的消费模式。通过这些要素科学、持续、长效的复合，形成了生态消费体系。生态消费体系应该是一个动态的体系，而不是一个静态的体系，由于外界因素的变化和内在经济发展的变迁，生态消费体系也将不断进行调整和升级。

第三节　我国生态消费体系构建影响因素的实证分析

流通创新视角下我国生态消费体系的研究，目前来看，尚属空白：对于生态消费体系的定量研究资料很少，且年鉴类的统计数据仍是一片空白。本书通过对我国生态消费体系构建影响因素的定量研究，希望对各种影响因素进行重要性排序，以期能够对构建我国生态消费体系提出更具针对性的对策和建议。

一、问题的提出

生态消费及其服务功能的研究是可持续发展和生态系统研究的关键问题和热点之一，吸引了大量不同学科（如哲学、生态学、经济学、消费经济学、工学）的中外学者对此类问题进行研究，研究的学科跨度和重点差异较大。从研究的历史维度来看，生态消费是绿色消费、可持续消费的延伸。生态消费包括生产性产品的生态消费和生活性产品的生态消费。前者主要是指生产阶段的工业品的生态化消费，而后者是本书研究的重点，即人类日常生活的消费生态化。生态消费应该贯彻节约、科学、适度、健康文明的消费观念。人类日常生活消费所产生的能源耗费问题越来越被重视，而且随着经济的发展，我国资源浪费和环境污染的原因也由工业污染转向生活污染，如大量的生活垃圾、人类就餐过程中的大量浪费等。

2008年以来，我国受世界经济和金融危机的影响，经济发展的重点转向消费，扩大消费需求对我国经济发展来说非常重要；与此同时，我国对生态消费的要求也越来越紧迫，如何协调扩大消费需求和大力发展生态消费之间的关系，成为消费领域的难点。从资源和环境角度来看，大力推动生态消费的发展是全面、持续开发和高效率利用生态资源，倡导生态消费模式，克服环境危机的唯一途径。为了更好地研究生态消费问题，系统探索生态消费及其相关问题，本书提出构建生态消费体系，加快资源节约型生产—流通—消费产业互动的建设。这一研究不但对我国发展低碳经济具有重要意义，而且对整个人类、自然与生物之间的可持续发展具有重要的战略意义。

从我国生态消费发展理论和实践来看，我国生态消费仍然处于一个较低的水平，生态消费理念的推广难度较大，生态消费体系尚未搭建。本章以重庆市为中心进行较为全面的调查，充分了解影响生态消费体系构建的因素，并对多种因素按照重要性进行排序，从而探索我国生态消费体系构建的对策与措施。

二、相关文献回顾

本章以生态消费体系为关键词进行文献检索，主要检索 CNKI 中的期刊数据库和硕士论文数据库，以及外文数据库。检索结果包括 30 篇外文文献在内共有相关文献 50 篇，这些文献中有一些是绿色消费体系的研究。博士论文中没有检索到相关文献，相关的硕士论文两篇，其余为一般论文。文献研究观点和思路主要包括以下几个方面。

（一）以区域特征为研究基础建设生态（绿色或者可持续）消费体系

以往文献中，研究生态消费体系建设的文献，主要是基于某个地区进行研究，如孙克（2011）对嘉兴市构建低碳消费体系的探索。文中提出我国现行的消费方式、生活垃圾和能源的过度消费给环境带来了巨大问题，要改善这一现状，必须以发达国家如德国、瑞典或者日本的低碳消费经验为例，从居民日常消费如衣、食、住、行等多方面探讨嘉兴市低碳消费的具体形式，其构建的生态消费体系包括了消费理念、消费习惯以及政府作用方面的内容。李杨帆等（2005）从扬州生态市建设的角度出发研究生态城市建设中生态消费体系的构建。他认为，生态消费是人类消费必然选择的消费模式，是一种真正符合生态经济学基本原理的消费模式，这种模式在满足人类合理消费需求的同时，对生态环境的破坏最小。扬州市的城市建设规划中明确提出了生态城市的概念，并提出建设生态消费体系，主要包括生态消费意识和模式、法律和管理体系、大力发展生态产业等，主要策略和措施包括生活细节方面的行动计划、建立绿色消费政策、构建生态教育系统和倡导节俭环保的消费习惯等（李扬帆等，2005）。

（二）生态消费体系建设的文献

国内对生态消费体系研究较早的学者是尹世杰（2000a），他在《关于建立生态消费体系的几个问题》一文中，较早提出建立生态消费体系的基本指导思想：大力发展生态产业；开拓绿色市场；培育优美的生态环境。这是尹世杰在2000年时所理解的生态消费体系的内容。周国梅和任勇（2007）以德国的循环经济为案例，以分析德国处理环境与经济发展关系的历史过程为起点，进一步分析了德国循环经济的实践历程，最后分析生态消费体系的建设。

（三）生态服务消费体系及生态消费行为的相关研究

陈光和王昊（2010）通过研究得出结论，生态消费及生态消费体系的建立是生态服务消费的理性选择。在文中并没有重点分析生态消费体系应该包括的内容，重点主要是生态消费是人类未来消费中的理性选择。于海量和曹克（2008）认为人们已经具有一定的生态观念，人们的消费行为与生态观念紧密相连，生态消费已经成为一种消费趋势，其价值取向被越来越多的消费者接受。他们认为生态消费不同于传统的节俭消费，是一种与科学、社会和谐相关的生活方式，并提出如何建立消费行为的生态化取向。沈十妹（2008：39-49）研究了可持续发展的节约型消费体系，文中的节约型消费体系与生态消费体系有相似之处，但也有较明显的区别。节约型消费体系建设的对策主要是从节约型消费主体出发，包括消费者、政府和企业三个方面。

三、研究的总体设计

（一）研究目的

本章研究的重点是基于流通创新视角探索我国生态消费体系构建影响

因素，并对相关因素按照重要性进行排序，找出我国生态消费体系构建的主要影响因素。我国地区和民族呈现多样化，消费问题也具有多样化的特征，消费本身是一个复杂的问题，在地区和民族多样化的国家，其复杂性更加突出；同时，现有的各类年鉴中均未有现成的数据可以使用，因此，生态消费体系影响因素的研究既复杂又困难。

为了能够系统研究生态消费体系，本书采用问卷调查法和深度访谈法，主要针对各地区专家发放问卷，并对部分专家进行深度访谈。选取的代表地区包括：沈阳、北京、天津、石家庄、兰州、太原、郑州、武汉、长沙、广州、深圳、珠海、上海、宁波、杭州、南京、重庆、成都、西安。每个地区选取三名专家进行发放问卷，同时也对普通居民进行问卷调查。通过问卷调查收集资料和数据，根据现有文献，寻找其中的规律，为我国生态消费体系的构建寻找措施和对策。

（二）研究过程和研究方法

1. 研究过程

本研究主要是针对代表性地区（主要针对省会及以上城市）进行全面调研而获得相应的数据和资料，同时对各代表地区进行问卷发放和专家访谈①，并收集相应的二手资料，系统掌握代表地区生态消费体系建设情况和生态消费体系建设的影响因素。问卷主要针对各地区的城市居民、代表性企业员工、高校或者其他研究机构的研究人员，通过网络邮件的形式进行发放和回收。专家访谈进行了三轮，有电话访谈、实地访谈和邮件访谈三种形式。各位专家耐心回答问题，并提出新的问题进行二次交流，主要涉及生态消费体系的内容和结构、生态消费体系建设的必要性、生态消费体系建设的现状、生态消费体系建设的切入点、影响生态消费体系建设的有利因素和制约因素等六方面问题。通过调查和深入访谈的方式，各位

---

① 问卷发放采用随机抽样、方便抽样和雪球抽样相结合的方法，利用实地面访、邮寄、网络问卷、E-mail 和 QQ 发放等方式进行问卷调查，专家访谈的被调查者是生态消费领域的理论专家或者实践倡导者。

专家学者均提供了相应的资料和数据。

2. 研究方法

本研究主要采用网络邮件深入访谈和调查问卷发放的方法，掌握我国不同地区生态消费体系建设的基本情况，通过多项指标的设计，严格按照市场调查和预测的量表设计。本研究共调查 19 个代表地区，57 个专家，2000 位普通居民；共发放 2000 份问卷，收回 1870 份问卷，整理有效问卷 1855 份，回收率 92.8%，有效问卷率达到 93.2%，问卷数据具有代表性。

同时，本研究还参考了商务部在鼓励生态流通促进生态消费方面的相关数据和各地区关于鼓励低碳零售业发展及降低居民生活消费能源消耗的相关数据资料。

3. 问卷设计

本书的研究基础是问卷，而问卷设计过程中进行了几次专家意见征询和访谈，参考专家的意见对问卷进行了多次修改，最终确定了问卷的指标，并以此为基础进行量表设计。问卷共分三部分：对各地区专家关于我国生态消费体系构建影响因素的调查、对各地区普通居民关于生态消费体系影响因素的调查、对政府相关部门的调查。

4. 量表设计

本研究量表设计严格遵循调研预测的量表设计原则，主要选取列举分量表、固定总量表和李克特量表，选择和使用量表时充分考虑了变量值的特性、测量的目的、执行调研的可行性、平衡量表与非平衡量表的选择、量级层次的个数满足需要等因素。

5. 量表的指标体系及预测题项

（1）一类指标

通过前期专家访谈、问卷调查和收集到的资料显示，影响我国生态消费体系构建的一类指标主要包括：各地区消费主体现状、生态消费客体现状、区域经济发展水平、区域流通创新的生态化水平、生态零售店发展程度、区域生态生产企业发展程度、区域生态市场发育程度和政府对生态消费体系建设的支持程度。

（2）二类指标

二类指标是集中考虑一类指标的测评因子，如流通创新的生态化水平主要通过哪些指标进行衡量，本书采用流通创新的生态化方向的明确程度、流通创新后生态化业态店增长比率、流通创新理念中生态方面的因素强弱等指标进行度量，将与之类似的各指标通过测项指标来衡量，能够更好地评估生态消费体系构建影响因素。

四、数据表现和定量分析

我国生态消费体系构建对我国生态消费水平的提升、生态消费综合能力的提高以及生态产业链的构建和优化均发挥着重要的作用，甚至对低碳经济的发展与提升发挥着重要作用。研究我国生态消费体系构建的影响因素的重点和难点在于把握构建我国生态消费体系对我国生态消费，乃至低碳经济的现实作用。

（一）我国构建生态消费体系内在因素量值

我国生态消费体系构建影响因素从多方面影响其构建、优化和提升，影响因素包括生态消费主体现状、生态消费客体现状、流通创新的生态化程度、生态超市发展程度、生态生产企业发展程度、生态市场发育程度、政府对生态消费体系建设的支持等 7 个变量共 29 个测项。所有测项均采用李克特 7 级量表值，1 代表完全不同意，7 代表完全同意。并邀请相关专家进行测试，由于样本较少，所以采用"分项对总项相关系数"方法评估效度。依据"分项对总项相关系数"应满足大于 0.35 的标准，将相关系数低于 0.35 的测项予以删除，共删除 3 项，保留了原来量表中的 26 个测项。保留的测项能较好地反映各自维度的内容，至此形成了最终的正式问卷。具体情况如表 5-1 所示。

表 5-1　量表测项具体设计表

维度	占比/%	测项数目	测项内容
我国生态消费主体现状	30	4	年龄比较年轻
			受教育程度很高
			收入很高
			环保意识特别强
生态消费客体的现状	30	6	生态产品的购买渠道很多
			生态产品的购买很便利
			生态产品的种类选择很丰富
			生态产品的质量非常好
			生态产品很少有假货
			所购买的的生态产品都印刷了生态标志
流通创新的生态化程度	10	4	流通创新的生态化方向非常明确
			每次流通创新后生态化店铺增长率会提高
			流通创新的生态意识非常强
			流通创新的目的就是节能减排
生态超市发展程度	10	4	生态超市店铺非常多
			生态超市的新开店速度很快
			生态超市中只销售生态商品
			生态超市都是知名零售业的店铺
生态生产企业发展程度	10	4	生态生产企业很多，均大量生产生态产品
			生态生产企业是一些知名度很高的企业
			生态生产企业的管理水平很高
			生态生产企业的产品质量非常好
生态市场发育程度	5	3	生态产品供给市场非常规范
			生态产品供给市场非常多
			生态产品需求能够随时随地被满足
政府对生态消费体系建设的支持	5	4	政府对生态消费模式进行大力支持
			政府对生态产品的供求进行非常严格的管理
			政府通过补贴让消费者更多地购买生态产品
			政府通过补贴让生产者更多地生产生态产品

（二）数据处理方法

对数据的处理包括数据信度和效度检验、结构模型说明及路径检验，具体检验过程如下。

1. 信度和效度检验结果

运用 SPSS 16.0 对数据信度进行检验，表5-2 给出了 Cronbach's 的检验结果。绝大多数潜变量的 α 值都超过了 0.7，生态生产企业发展程度与政府对生态消费题建设的支持两个指标的 α 值也接近 0.7。所以本研究认为量表具有较高的内部一致性，其测量结果是比较可靠的。

表 5-2　潜变量的 Cronbach's 系数和 AVE 值

	Cronbach's Alpha	AVE
我国生态消费主体现状	0.841	0.579
生态消费客体的现状	0.910	0.911
流通创新的生态化程度	0.810	0.783
生态超市发展程度	0.891	0.831
生态生产企业发展程度	0.691	0.761
生态市场发育程度	0.775	0.810
政府对生态消费体系建设的支持	0.689	0.743

利用 SmartPL2.0M3 软件对量表的收敛效度和判别效度进行了检验，结果发现，各个潜变量的平均提炼方差（Average Variance Extracted，AVE）介于 0.591～0.899，均大于 0.5 的门槛值（具体数据见表5-2），这说明本模型显示出很高水平的收敛效度。对判别效度的检验见表5-3，模型中每个概念的平均提炼方差（AVE）的平方根均大于该概念与其他概念的相关系数，表明本研究中各概念之间具有良好的判别效度。

2. 结构模型说明

借助 SmartPL2.0M3 进一步讨论各个变量之间的因果关系，研究各测量指标对我国生态消费体系的影响。

表5-3　潜变量的 AVE 平方根与相关系数

	我国生态消费主体现状	生态消费客体的现状	流通创新的生态化程度	生态超市发展程度	生态生产企业发展程度	生态市场发育程度	政府对生态消费体系建设的支持
我国生态消费主体现状	0.766						
生态消费客体的现状	0.985	0.989					
流通创新的生态化程度	0.846	0.931	0.917				
生态超市发展程度	0.847	0.894	0.813	0.901			
生态生产企业发展程度	0.357	0.838	0.824	0.897	0.801		
生态市场发育程度	0.860	0.732	0.431	0.783	0.821	0.882	
政府对生态消费体系建设的支持	0.774	0.861	0.654	0.710	0.561	0.861	0.763

注：对角线上的数据为每个变量的 AVE 平方根，其他数据为对应两个变量之间的相关系数。

表5-4　路径检验结果

路径关系	标准化路径系统	T 级
我国生态消费主体现状→我国生态消费体系构建	0.633 ***	15.109
生态消费客体的现状→我国生态消费体系构建	0.627 *	12.324
流通创新的生态化程度→我国生态消费体系构建	0.591 *	12.550
生态超市发展程度→我国生态消费体系构建	0.631 **	14.857
生态生产企业发展程度→我国生态消费体系构建	0.611 *	14.056
生态市场发育程度→我国生态消费体系构建	0.532	12.018
政府对生态消费体系建设的支持→我国生态消费体系构建	0.738 ***	15.561
我国生态消费体系建设→我国低碳经济的发展	0.721 ***	16.021

* 表示显著性水平 $p < 0.05$；** 表示显著性水平 $p < 0.01$；*** 表示显著性水平 $p < 0.001$。

　　从表5-4数据可以看出，所有影响因素的标准化路径值均非常高，其中政府对生态消费体系建设的支持对我国生态消费体系构建的影响程度最深，其路径系数为0.738，即意味着我国政府对生态消费体系建设的支持程度每提高1个单位，我国生态消费体系构建水平（或者优化水平）将提高0.738个单位，充分说明了我国政府在生态消费方面的基础性地位和重要作用，对其他方面的影响因素均有明显的连带作用。其次是我国生态消费主体的现状对我国生态消费体系构建的影响，其路径系数为0.633。除此之外，其他因素的影响路径系数也很高，且相差不大，因此可以说它们对生态消费体系建设的影响程度也很高，对构建我国生态消费体系都发挥着重要作用。

　　尽管从现有的数据来看，生态市场发育程度对我国生态消费体系构建的路径系数最低，为0.532，由于调查数据是静态数据，不能从动态来反映实际情况，事实上，从动态发展来看，生态市场发育程度对我国生态消费体系的构建、优化和提升发挥着越来越重要的作用，其潜在影响不容忽视。同时，从研究的数据结果还可以进一步证实我国生态消费体系的构建对我国低碳经济发展的影响也十分显著，其路径系数为0.721。

五、结论

　　通过调查、数据整理、数据检验，并对相关研究进行整理，得出以下结论。

（一）我国生态消费体系的构建是一个复杂的过程

　　我国生态消费体系的构建有多方面的内容和运行机制，有多种影响因素，因此，我国生态消费体系构建是一个复杂的过程，必须考虑多种因素之间的关系。

（二）我国生态消费体系的构建是一个动态的过程

　　我国生态消费体系的构建要从动态的过程来看待，任何静态的数据都只能反映当前阶段的静态现象。如上述调查数据的结果显示生态市场的发育程度对生态消费体系建设的影响程度较小，这是在生态消费规模较低的情况下的状态，当生态消费规模增大后，生态市场发育程度对生态消费体系影响力会越来越大；同时，从当前生态消费较落后的情况来看，政府的支持作用对生态消费体系的建设作用非常大，但是从国际经济发展规律来看，随着生态消费水平的提升，政府的作用会越来越弱小。从静态的数据上较难反映这一现象和规律，因此，我国生态消费体系的构建应该从动态的角度分析。

（三）我国生态消费体系的构建是一个多种因素相互影响的过程

从我国生态消费体系构建影响因素的定量分析可以看出，多种因素同时影响其构建，且影响的程度相似，各因素之间的相关性高（见表5-3潜变量的 AVE 平方根与相关系数）。因此，我国生态消费体系构建是一个多因素不断影响的过程，各因素之间也存在相互影响，这种态势增加了我国构建生态消费体系的难度。

（四）我国生态消费体系的构建是一个长期的过程

流通创新背景下，我国生态消费体系的建设水平较低，而从流通创新视角进行生态消费体系的构建，实际上就是让生态流通的发展带动生态消费体系的建设。从我国流通创新的实践来看，创新的能力、水平和形式均比较落后，且创新的结果与生态流通依然存在较大差距。从表5-4的数据结果来看，我国生态消费体系构建与流通创新的生态化程度及生态超市发展程度之间存在着较为明显的路径关系，说明两者之间在存在明显的互动关系。因此，流通创新—生态消费体系建设之间的互动关系可以建立，但需要很长时间，构建生态消费体系应该从长考虑，不能一蹴而就。

（五）我国生态消费体系的构建对低碳经济的发展发挥着重要作用

从表5-4的数据来看，生态消费体系的建设对低碳经济发展的路径关系十分明确，因此两者之间存在明显的关系。而从理论角度和历史文献中，不难看出生态消费体系的构建对低碳经济发展的促进作用十分明显，良好运行的生态消费体系，可以与生态生产、生态流通形成良性循环，互相促进。反之，生态生产、生态流通与生态消费构成了低碳经济的基本内容，而三者中生态消费是基础。以流通创新为基础的生态消费体系的构建对我国低碳经济的长期发展发挥着重要作用。

第四节 构建我国生态消费体系的措施与建议

通过调查发现了我国生态消费体系的构建尚处于初级阶段，同时基本掌握了我国生态消费体系构建的影响因素，这些基础性研究对构建我国生态消费体系具有重要意义。

本节在分析我国生态消费体系存在问题的基础上，提出当前社会环境下，我国生态消费体系构建的措施与建议。

一、我国生态消费体系存在的问题

我国发展生态消费模式，构建生态消费体系是当前经济发展到一定水平下的必然选择，非生态消费对我国经济发展的制约作用越来越明显，如生活垃圾、过度消费等日常生活中的非生态消费行为所带来的高碳耗费，已经成为高能耗、高排放的主要原因。发达国家能源消耗占全球能源消耗总量的50%以上，其中消费领域能源消耗占总能耗的67%左右，而制造业的能源占比不足40%。在工业化已经完成的多数发达国家，建筑物的碳排放占总量的49%，工业和运输业分别为25%和27%。以美国和中国为例，美国纽约市的碳排放中，建筑物碳排放量占城市碳排放总量的80%以上；而我国在1978年，建筑业能源消耗占总能源耗费约10%，截至2011

年，我国建筑业的碳排放量占总量的 25%。从目前的统计数据来看，我国碳排放的主要来源依然是制造业以及与制造业相关的其他工业，但是随着我国人均可支配收入的提高，消费领域的碳排放和能源消耗将进入一个高速增长时期（Jeroen et al.，1999）。

从节能的方式和技术选择来看，工业领域节能减排的空间逐渐缩小，而生活消费领域的减排空间依然很大。从我国目前实际情况来分析，我国生态消费体系仍存在很多问题，主要包括以下几点。

（一）生态消费体系的外部体系不健全

生态消费体系的构建离不开经济环境及其所依赖的其他外部环境，从支撑生态消费体系建设的外部环境来看，多数环境属于不利因素，如生态产业链的发展滞后，低碳经济发展的程度和生态市场的发育程度偏低等。这些因素对生态消费体系的建设是一种阻碍作用。

1. "生态投资"业发展滞后

"生态投资"业是指专门为生态产业发展进行投资的行业，如生态投资资金的设立、生态投资企业的建立、生态银行的设立。从我国目前投资业发展的理论和实践来看，我国"生态投资"业发展仍属于空白，没有专门针对环境业的投资项目、投资企业和银行，甚至各个投资企业和银行也没有为生态业发展设立专门的资金账户，同时也没有相应的专项投资政策和法规进行支持。因此在生态业投资领域，我国仍处于空白阶段。由于缺乏专业的资金渠道，我国生态消费体系、生态工业体系及生态流通体系的发展受到了极大的限制，我国生态产品的开发处于较低水平，这也是生态消费体系建设的障碍之一。

2. 我国生态市场发育不完善，市场供求矛盾较大，生态产品市场混乱

生态产品是从生产、流通到消费以及废旧物品的回收与处置等各个环节，均符合生态化和环保的要求，并有利于环境保护和废旧资源回收利用的一系列产品（Rees et al.，2000）。生态产品要求生产、流通、产品使用及产品回收的每个流程阶段均符合生态化的各种专业标准，产品本身要求有生态标志。目前我国所销售的生态产品的质量缺乏保障，生态标志认证制度不严谨，导致我国生态市场上充斥着假冒伪劣的生态产品；同时我国生态产品的市场秩序混乱，缺乏专门的专业机构对各地区生态市场进行监督和管理，严重损害了生态消费者的消费权益。因此，生态消费者在生态产品消费过程中存在很多困惑和不满，甚至有些生态消费者放弃消费生态产品。

同时，我国生态产品市场进入效率低下。为了推动生态产品市场快速发展，政府本应该为生态产品提供更加便捷、快速的市场进出体制，但是我国政府对生态产品市场的支持不足，再加上生态生产环节的种种监管不力，以及法律方面的保护缺乏，导致市场混乱。

3. 生态法律体系不健全

从生态消费市场产品的价格来看，生态产品的价格远远高于普通商品的价格，因此，市场上生态产品的假冒伪劣产品越来越多，与传统商品相比，生态产品的消费对法律以及制度的需求更加迫切。而我国生态方面的法律存在较大问题，如缺乏规范生态产品的法律、缺乏生态消费者权益保护法，有些生态或者绿色方面的法律缺乏一些执行的细节，作用甚微，如2002年我国全国人大常委会第30次会议通过的《中华人民共和国环境影响评价法》。

除此之外，我国生态法律体系中存在一些明显的漏洞，如权利和责任不对等，保护生态消费者权利的同时，忽视了生态消费者应该承担的环保责任。我国关于自然资源和生态环境保护的法律不健全，缺乏一部相关的综合性法律，如生物保护、臭氧层的重视和保护等尚未制定相应的国家法律进行保护。

我国生态环境保护的标准与国际水平尚存在较大差距。如2004年国家经贸委的年度报告中明确表示：我国197 744项国家标准中，采用国际标准或者国外先进标准的不足50%，从环境和生态保护方面的标准来看，我国几乎没有与国际标准保持同一水平的标准。

（二）生态消费内部体系各方面滞后

1. 生态消费意识落后

消费意识对人类消费行为的影响是决定性的，发展生态消费产业，构建生态消费体系，首先要求居民树立科学合理的生态消费意识，一个国家生态消费产业的发展水平取决于国民的生态消费意识水平（刘新新，2000）。从我国现实发展情况来看，我国居民的生态消费意识在近 5 年有了较大的提高和进步，但是与生态消费体系中的要求仍有较大距离，我国农村消费者中90% 以上不知道生态产品是什么，且缺乏人与自然和谐发展的意识（李谷，2011）。我国的生态消费者基本上是学历较高、收入较高的特殊消费群体。而有一部分消费者选择生态消费，却并不了解生态消费的益处，也没树立生态消费意识，只是一种模仿和跟风型的消费。

2. 我国居民生态消费力偏低

西方经济学家对消费的研究一直都是建立在对生活质量的研究基础之上，任何一次消费的升级，与其各种收入的提升有着密切的关系。研究人类生活质量的学者中最早的要数加尔布雷思（1965），他首次提出了生活质量的内涵。他所认为的生活质量主要是指"人在物质和精神上的舒适、便利程度"。而真正对生活质量研究比较深刻，并将生活质量作为其整体研究基础的是美国经济学家罗斯托，他对生活质量的研究结合了经济发展的各个阶段。从根本上讲，生活质量的关键特点是生态资源、生态环境保护、生态产品（尤其是生态食品）、生态文明的消费方式和先进的生态消费观念，以及人与生物及自然的和谐关系。

从这方面来看，我国居民的生态消费力体现了生活质量的高低，但实际统计数据说明，我国居民的生态消费实际能力偏低，主要是因为居民的可支配收入偏低。

3. 专业性、针对性的生态消费教育不足

生态消费、绿色消费、可持续消费均属于近年来比较热门的消费方式，消费者对这些流行性消费概念的理解不尽相同，有不少追求生态消费

行为的消费者均是具有强烈环保理念的消费者，但是却对生态消费的理解很片面，甚至是错误的。生态消费观念、行为以及生态消费模式均是一套科学客观的专业性知识，并且以消费者具有较高生态消费意识和保护环境意识为基础和前提。从目前我国的实际情况来看，消费者选择生态消费行为过程中发现，生态产品的价格比普通产品价格高、生态产品的购买便捷程度比普通产品低、生态产品的消费成本比普通产品高。因此生态消费者选择生态消费行为和方式可能处于两方面的动机：第一方面是为了购买更加安全的商品，保护自身消费利益，从个人利益视角下选择了生态消费方式，这个选择也许是被迫的——在我国目前产品安全性较差的背景下，多数情况是被迫选择消费带有绿色标志或者生态标志的产品；第二方面是生态消费者确实是环境保护倡导者，为了保护环境，承担社会责任，因此选择生态消费。我国要发展生态消费产业、构建生态消费体系，依靠自发的认识远远不够，在本研究中的调查阶段发现，不少从事经济学教学和研究工作的消费者都不能正确说出生态消费的含义，不能完全正确理解生态消费的意义，县—乡—村三级地区的居民对生态消费的认识几乎是空白。在调查过程中，问到"您知道生态消费是什么吗?"被调查者一脸茫然，99%的被调查者的回答是不知道。由此可见，我国生态消费教育水平非常低。

二、构建我国生态消费体系的措施与建议

本书以调查、访问为基础，在充分了解生态消费的系列问题的前提下，收集了30多位专家的建议和意见，并进行整理；借鉴以往文献和我国生态消费体系存在的系列问题，提出构建我国生态消费体系的具体措施，主要包括以下几个方面。

（一）逐步建立专门的"生态产业"投资机构或者投资项目支持贷款

发展生态消费、构建生态消费体系的前提是资金的保证，我国政府应

该将发展生态消费列入我国产业发展的重要项目之中进行扶持，逐步提高对我国生态消费各方面的资金支持力度，提高参与企业的开发能力和居民消费的认识水平，并对生态产品有关的技术创新进行专项支持和大力推广。为了更好地建设生态消费体系，国家应该通过政策大力引进外资参与生态投资，即生态生产和生态流通；给这些企业以减税免税、各种优惠贷款、专项扶持、固定产品加速折旧、发行生态产业支持债券；对消费者选择生态消费给予分期付款、生态固定资产购买给予优惠利率贷款、生态产品消费过程中给予补贴性鼓励；可以建立生态产业专项投资基金、生态银行，为发展生态消费提供最好的支持。

（二）以流通生态化创新为起点，大力发展并优化生态产品产业链

构建生态消费体系以生态消费快速发展为基础，并依托生态产业链的快速发展。换句话说，生态产业是生态消费的依托和支撑点（尹世杰，2000a）。发展生态产业链和产业体系，需要各产业的生态技术和管理创新。目前，全球产业发展几乎与产业生态化和生态技术的快速发展同步进行，且上游、中游和下游产业的发展相互影响，如生态生产后需要中间商和终端商参与销售，需要消费者积极消费，否则生态生产难以为继。如沃尔玛、乐购等流通企业自 2005 年以来积极参与生态产品、绿色产品等环保产品的销售以及废旧物品的回收利用，2011 年沃尔玛全球销售的生态商品占所有商品总量的 15% 以上[①]。发达国家如德国、美国等均有上千种带有生态标志的生态商品。

我国应该借鉴国外先进经验，以流通生态化创新为起点，带动生产和消费产业的生态化，让生态产业链充分发挥其经济效应，重视绿色和生态导向，要大力发展与生态相关的流通生态技术与生产生态技术并积极培育消费生态观念，使生态技术渗透到生产、流通、消费领域，逐步建立生态化产业体系，包括生态工业、生态农业、生态商业等多种产业群，建立健

---

① 根据沃尔玛、乐购内部资料整理。

全生态产品销售体系和产品开发体系，大力发展生态产品市场供给和销售平台，更好地满足消费者对生态产品的需求。

（三）推动并完善我国生态产品标志与认证制度

生态标志是世界上为了更好地管理生态产品而形成的一项制度，生态标签体系强调产品在消费者使用过程中不能对环境和消费者本人造成任何危害，有些标签体系还强调了产品的再循环利用的效率和程度。许多生态标签拥有具体的标准，不同的生态产品认证体系和程序存在着较大的差异。从国家生态标签体系发展来看，一般采用第三方标签体系：即要考察产品的整个生命周期（从原材料的提取，到产品的运输、生产、使用和废弃处理全过程），产品厂商可以自愿加入。

我国在生态产品认证方面还处于初级阶段，要推动生态产业发展、构建生态消费体系，完善生态产品认证体系十分重要。我们可以借鉴国外的第三方标签认证制度，对生态产品的全过程进行认证；也可以采用由民间组织机构、行业协会建立的生态标签，对生态产品进行认证，这种认证制度考察的是商品某个阶段的生态化功能（如废旧处理阶段的生态化能力）；甚至可以采用由买家制定的生态认证体系，对供应商所提供的商品进行生态化性能的检验和标志。而这些标签体系中第一种（即第三方标签体系）是最为常见的，也是国际上比较通行的做法。

生态产品认证体系的建立和完善对我国生态产品的销售和消费发挥着较大作用，消费者在选购生态商品时，只需要检查生态商品的标签类型，就可以全面了解商品的生态化程度。因此，构建生态产品标签制度是当前我国发展生态产业和推进生态消费的必然选择。

（四）进一步推动生态文化建设

改革开放30多年来，我国居民生活水平有了本质的提高，消费能力不断提升，与此同时，消费文化也发生了较大变化，总体上的变化趋势表现为由节约型消费向奢华型消费转变、由节约型消费向透支型消费过渡。

在过去的 30 多年，随着人类消费文化的变迁，居民消费中的浪费和非生态化的行为不断增加。而当前发展生态消费，构建生态消费体系，反映的是人与自然和谐发展的消费文化，这一消费文化与生态消费本身之间是一种相互促进、相互制约的关系：生态消费文化的形成推进生态消费及生态消费体系的形成；生态消费体系的构建又将通过多种形式推动生态消费文化的形成。

推进生态消费文化建设主要通过以下途径：①公益广告，宣传生态消费的益处和必要性，引导全民参与生态消费；②通过各种文化下乡活动和影视节目宣传生态消费的各种形式，包括尽量减少日常生活中的不必要的浪费现象。

（五）普及生态消费知识，提升生态消费专业教育水平

生态消费的主要参与者是普通居民、企业和政府，其中普通居民是生态消费的主体，生态消费体系搭建也主要依托生态消费主体。如果生态消费主体不断成熟，将会通过各种形式推动生态消费体系的形成和完善，从而引导政府和企业的生态消费行为。

因此，生态消费主体是生态消费知识传播的主要接受者，对生态消费主体进行生态消费知识的教育和培训非常重要，各级政府应该利用各种机会和途径对普通居民进行专业生态知识的培训，如环境保护的必要性、低碳经济发展的方式、生态消费的做法、生态产品如何选购、生态产品在哪儿销售、为什么要消费者更多地选择生态产品消费等，既要充分体现教育培训的专业性，也要体现教育的生态普识性。政府通过政策杠杆指导和引导企业投资生态产品的生产和认证；引导各类流通企业优先销售生态类产品。

从我国各类零售企业产品销售的状况来看，生态产品的销售比例非常低；大部分国内知名零售企业并未销售生态产品，即使有极少数销售了生态产品，也没有给生态产品进行必要的针对性的宣传。因此消费者对生态产品的购买量很少，甚至没有任何消费者选购这类产品。

所以，我国生态消费知识的普及和对各类主体的教育非常重要，只有让各类主体均充分了解生态产品，生态产品的生产—销售—消费才能顺畅，生态消费体系才能形成。

（六）树立全民生态消费观念

生态消费充分发展的基础是消费者具有生态消费意识。从我国实际情况来看，很多消费主体并没有树立客观科学的生态消费意识，选择消费的生态消费产品主要是食品类，属于外部强迫型生态消费。因此，树立全民生态消费意识是大力发展生态产业的前提。可以通过各类教育宣传，让消费者认识生态消费的益处，有些国家将生态消费教育列入了小学、甚至幼儿园教育的教材中，这样可以从小培养生态消费意识，有利于生态消费意识的形成。消费者对生态消费的认识提高了，自然自觉地选择生态消费方式，通过其行为和消费趋向，参与更多的生态环境保护行动，促进全面生态保护。

（七）建立健全生态消费保护方面的法律、法规

为了倡导环境保护，我国出台了 20 多项行政法规，如《中华人民共和国环境保护法》《海洋环境保护法》等，地方政府也颁布了一些与地方环境保护相关的法律规范。但是这些法律中针对生态消费的法律法规较少，因此，需要进一步完善生态消费保护方面的法律法规，主要包括三个方面。第一，制定并颁布生态消费单行法。生态消费不能孤立存在，因此生态消费不是单纯的消费行为，而是包含了生态投资、生态产品生产、生态产品流通和生态产品消费等一系列行为。制定生态消费单行法的目的是对生态类产品各程序进行具体的规制，使从生产到消费的各环节相互高效率衔接并正常运转。第二，颁布生态消费者权益保护法，保护消费者在选购生态消费品过程即消费过程的各项权利。第三，将与生态消费相关的行为和过程纳入到相应的法律法规中进行保护。目前，我国法律、法规中有一些关于保护环境的措施，但是并没有明确的法律保护措施和相应的规定

专门针对生态消费，更缺乏具体条款来保护生态消费者的具体消费行为。

除此之外，我国生态消费还应该有更多针对性的和具体的法律法规进行保护，如将有关生态消费的税收措施纳入我国税法。在进一步完善我国现行的环境保护和税收资源政策的基础上，开通生态消费税，增加各种类型的生态税收、绿色税收，使我国的生态收入制度形成系列税种，从而建立科学而完整的"生态税收"系列制度。

第六章 本书的主要结论、创新点及局限性

第一节 本书的主要结论及创新点

本书在参阅大量文献、查阅大量数据、进行专家访谈以及发放大量问卷的基础上完成，以经济学、流通经济学、创新理论、生态经济学、可持续发展理论、消费经济学等多学科、多概念作为理论研究基础，从流通视角研究生态消费问题，将流通与消费的关系纳入到研究框架中，改变了以往消费经济学与流通经济学之间割裂的现状，从新的视角研究消费问题和生态消费问题。因为随着经济的发展和深化，生产、流通与消费之间的关系越来越紧密，尤其是消费与流通、消费与零售之间的关系，流通创新与消费之间的关系，甚至其他经济学概念之间的关系将会越来越紧密，相互之间的影响越来越明显。本书以系统的视角研究流通创新对生态消费的作用，并以流通创新为基础研究生态消费体系构建的系列问题，扩大了生态消费和流通创新的研究视野和研究领域。

一、本书的主要结论

通过定量分析和定性研究，对我国流通创新和生态消费，以及流通创新与生态消费之间的关系进行了系统分析，并提出构建我国生态消费体系的对策与措施，本书主要观点包括以下四点。

（1）流通创新属于产业创新范畴，流通创新的内容和形式与流通创新的历史演进及所处的经济发展阶段有密切的关系，不同的经济发展阶段创

新的方向和重点不同，因此创新的内容也不尽相同。低碳经济背景下，流通创新的方向是低碳化经营，无论是管理创新还是技术创新，均与低碳经营密切相关；同时，流通各行业如零售批发、物流配送、电子商务等均以低碳化经营作为创新的第一要务。

当前形势下，我国流通创新的动力主要源于社会分工和消费需求的快速变化，流通产业内外的各方面的激烈竞争及流通技术的日益更新也是流通创新的动力之一。影响流通创新的因素包括内部因素和外部因素。流通创新综合水平的定量分析采用的是熵权指数法，本书构建了 5 个一级评价指标，包括流通增长与流通发展指标、流通结构变动指标、流通生态发展指标、流通效益变动指标以及流通环境改善指标，并对 5 个一级指标进行细分形成了不同的二级指标。通过熵权指数法分析我国 2009 ~ 2014 年的流通创新综合水平，并进行比较，得出结论是 2009 ~ 2014 年流通创新综合水平不断提高，说明了我国流通领域创新的基本走势和态势。

（2）生态消费是当前国家提倡和鼓励的消费模式，生态消费与绿色消费、可持续消费、适度消费存在明显的联系与区别。生态消费是一种将环境保护与资源节约纳入到消费方式的研究框架中的消费，是一种倡导适度消费规模，将人类与其他生物在消费中的资源使用公平作为研究核心，并倡导人类消费过程中尽量节能环保，购买和使用带有环保标志的商品的消费。而基于流通创新视角的生态消费则要求流通企业尤其是零售、餐饮、住宿、物流等企业在日常业务过程中，充分发挥企业在生态消费方面的作用和功能，引导消费者走生态消费的道路。

生态消费体系的构建需要对生态消费水平进行研究，本书采用熵权指数法对生态消费综合水平进行系统研究，就如何评价生态消费水平的高低进行探索。本书在定量研究生态消费综合水平的过程中，构建了完整的三级评价指标体系，一级指标共 4 个，具体包括：消费可持续发展性指标、社会发展与可持续发展程度指标、资源储备粮开发利用程度指标和环境保护与生态平衡指标。研究结果表明：2009 ~ 2014 年，除了个别年份有回落之外，4 个一级指标基本呈现增长的态势，且生态消费综合水平也稳步增长，因此，我国生态消费的综合水平基本呈现上升趋势。

本书以生态消费为基础，对我国居民日常消费中的能源消耗情况进行了分析，结果表明，我国居民日常生活的各项能源消耗处于不断增长的趋势，2004～2006 年我国不同收入阶层的能源消耗均呈现上升的趋势，其中，高收入阶层的能源消耗比低收入阶层高很多，中等收入阶层的能源消耗增量最明显。不同年龄段的消费者的能源消耗也呈现不同的差异，年龄处于 30～40 岁的消费者的能源消耗最高。从地区差异来看，经济越发达的地区，居民消费能源消耗水平越高，在所研究的代表地区中，属上海市居民能源消耗水平最高。全国居民能源消耗主要以间接能源消耗为主。

我国居民能源消耗水平和特征对我国居民生态消费的未来发展产生显著影响，主要包括居民能源消耗水平增长态势制约了生态消费的不断提升、影响了生态消费理念的形成；我国居民能源消耗的不平衡导致我国生态消费形成地区性差异。因此，要真正发展生态消费，提升生态消费的综合水平，现阶段，政府必须充分发挥主导作用和引导作用，如通过政策引导与公益宣传，让更多的消费者建立生活消费的节能减排计划；通过法律法规强迫消费者在消费过程中节能减排，逐步形成生态消费的意识；鼓励生产企业生产有生态标志或者环境标志的产品；逐步建立生态产业链，形成生态生产、生态流通与生态消费的产业链模式。

（3）流通创新对生态消费的影响分析，主要是建立流通创新综合水平与生态消费综合水平之间的联系，来分析流通创新与生态消费之间的逻辑关系。从流通创新与消费的影响研究中发现：流通创新引导形成新的消费模式并助推消费升级。消费对流通创新也有促进作用，主要包括：消费需求提升是流通创新的动力源泉，居民消费观念的改变推动流通创新。

流通创新模式包括流通自主创新、流通模仿创新、流通组合创新。流通创新的经济学效应包括促进社会分工的效应、节约资源和成本的效应、产业联动和产业结构优化的效应。

流通创新对生态消费的影响机制主要从直接影响与间接影响两个方面进行理论分析，直接影响包括流通创新通过技术和管理创新，使流通产业往生态化方向发展，为消费者提供更多的生态产品；流通创新带来更多的商业模式和更大的购物空间链，拓宽了消费者高效率选购商品的空间范围，从某种意义上推动生态消费的形成；流通产业通过其企业运作形成不同类型企业的生态观念，引导消费者进行生态消费。间接影响主要包括渠道整合下的生态消费模式、社会成本节约下的生态消费功能。

流通创新与生态消费关系的实证研究表明：在流通创新综合水平达到一定程度的前提下，随着流通创新综合水平的提升，生态消费综合水平不断提升。因此，要充分发挥流通创新对生态消费的作用。

（4）对流通创新背景下生态消费体系的构建的研究表明：我国目前生态消费体系建设水平很低，如果要充分发挥生态消费对低碳经济建设的作用，必须构建生态消费体系。生态消费体系的构建主要包括内部要素和外部要素，其中内部要素主要包括生态消费主体、生态消费客体、生态消费模式和生态消费权益保护；外部要素主要包括低碳经济发展水平和发展所处的阶段、生态产业链的发展水平和生态产品市场发育程度。

本书通过调查分析得出我国生态消费体系构建是一个复杂的过程、是一个动态的过程、是一个多种因素互相影响的过程、是一个长期的过程，且生态消费体系的构建对我国低碳经济的发展发挥着重要的作用。

本书提出构建我国生态消费体系的对策与措施主要包括：逐步建立专门的生态产业投资机构或者投资项目的专项支持贷款；以流通生态化创新为起点，大力发展并优化生态产品产业链；推动并完善我国生态产品标识与认证制度；进一步推动生态文化建设；普及生态消费知识，提升生态消费专业教育水平；树立全民生态消费观念；建立健全生态消费保护方面的法律和法规。

二、本书的主要创新点

本书的研究是基于流通创新视角的生态消费体系构建的研究，主要包括两个关键点：一方面是流通创新的相关问题；另一个方面是关于生态消费的问题。本书的主要创新是将流通创新纳入到生态消费体系中进行研究，具体包括以下几点。

（1）首次将生态消费与流通创新结合起来进行研究。从以往的历史文献来看，无论是国内还是国外的文献，只是将生态消费作为一个单纯的消费问题进行研究，尚未将生态消费与流通、生产等产业链中的其他问题结合起来进行研究，事实上，消费与流通、生产相互影响，不是一个孤立的存在。因此，本书将生态消费与流通创新纳入一个框架中进行研究，是一个创新。

（2）本书在研究流通创新与生态消费问题时，为了能够从定量的角度分析流通创新与生态消费的关系，对流通创新和生态消费进行了定量的分析。历史文献中对流通创新综合水平尚未有过定量分析，本书运用了熵权指数法对流通创新综合水平进行定量的评价，是一个创新点；尽管已有人对生态消费做过定量研究，但是基本上都是一些区域性的研究，如陕西生态消费水平的定量分析，对全国生态消费的定量分析仍是一片空白，本书同样采用熵权指数法对我国生态消费综合水平进行定量分析，也是一种创新所在。

（3）本书对流通创新和生态消费进行系统的整体研究。国内外对流通创新的研究比较，研究思路和方法有两种：一种是从流通创新的管理、技术和制度层面来分析；另一种是从流通所包含的行业出发进行研究，即流通产业主要包括批发零售、物流配送、电子商务和住宿餐饮，流通创新即批发零售业创新、物流配送创新、电子商务创新和住宿餐饮创新。本书研究的流通创新是一种流通产业的综合创新，是管理、技术和制度的多重创新的表现，是批发零售、住宿餐饮等多行业创新的集合，所采集的数据也是复合性的数据。且本书所研究的流通创新主要是在低碳化经营方面的创新，基本符合目前流通创新的现实情况。

本书对生态消费同样进行了较为完整和系统的研究，且整体研究纳入到产业链的环境中进行，包括对生态消费内涵的理解；生态消费、绿色消费、可持续消费和适度消费的区别与联系；并结合我国生态消费的实际情况，分析了我国居民消费的能源消耗情况，试图探究我国居民消费的能源消耗状况离生态消费还有多远。

（4）本书探讨了生态消费与流通创新之间的关系并构建生态消费体系，这是一个创新点也是一个突破点。通过回归分析，寻找生态消费与流通创新之间的内在联系，结果得出流通创新可以推动生态消费的形成，无论从理论上，还是从实证的角度分析，都得出流通创新与生态消费之间存在着密切的关系，希望以后能够在这方面做出更加成熟的研究。本书对生态消费体系的构建也是一个创新点。以往对构建生态消费体系的研究几乎是一片空白，在流通创新背景下构建生态消费体系的研究更少，本书通过调查，在充分了解影响生态消费体系构建的因素的基础上，研究我国流通创新背景下的生态消费体系的构建。

第二节　本书的局限性与未来研究的方向

本书是在历史文献的基础上进行创新，试图对生态消费问题进行更为深入的研究。无论是流通创新的研究，生态消费的研究，还是流通创新背景下生态消费体系构建研究，都是对现有研究的一次试探性创新和突破。但是由于作者研究能力有限，能够接触到的数据、资料和资源有限，本书仍存在很多不足之处。

一、各方面数据的限制导致本书的定量研究存在不足

本书的主要数据来源于现有各类年鉴，但各类年鉴中的数据与本书所涉及的指标之间并不完全匹配。考虑到数据的可得性，书中的部分指标选取了类似的指标进行替代；还有些指标由于没有相应的数据，因此在模型中没有考虑该指标。这种做法对最终结果有一定的影响，也是未来研究中需要进一步完善的地方。

二、选取的研究方法仍需要进一步检验

本书为了研究流通创新对生态消费形成的作用，对流通创新和生态消

费使用同一种方法进行定量分析，即熵权指数法，由于作者掌握知识的有限性和历史文献的局限性，作者在对几种方法进行对比后，选取了熵权指数法。熵权指数法在生态消费的定量研究中应用较为广泛，而在流通创新综合水平的研究中应用较少，因此，这种方法的应用也存在一些不足，仍需进一步检验此方法在评价流通创新时的准确性，并进一步完善其计算过程和评价准则。

三、流通创新背景下的生态消费问题需要不断完善和系统化

流通创新背景下的生态消费体系的构建较为复杂，本书的研究只是一个探索和起步，仍需要在实践中进一步完善。

在流通创新大环境下进行生态消费体系的构建研究，是一种创新，也是对一个新领域的探索，因此，存在一些不完善和不准确的地方。流通创新背景下的生态消费体系是动态的，生态消费体系的内容处于不断变化的过程中，因此，本书的研究仍需要不断地改进和完善，才能构建一个更加完善、科学和客观的生态消费体系。

参 考 文 献

艾瑞咨询.2015.艾瑞：2014年中国移动购物市场交易规模达9297.1亿元.http：//
　　report. iresearch. cn/html/20150202/245969. shtml［2015-11-20］.

安妮 T 科兰，埃林·安德森，路易斯 W 斯特恩，等.2003.营销渠道（第6版）.蒋青云等译.
　　北京：电子工业出版社.

巴里·伯曼，乔尔 R 埃文斯.2008.零售管理.吕一林，熊鲜菊等译.北京：中国人民大学出
　　版社.

柏建华.2006.生态消费行为及其制度构建.宁夏党校学报，21（1）：69-72.

陈光，王昊.2010.生态服务消费的理性选择：生态消费.中国人口·资源与环境，（20）：
　　237-241.

陈劲.1994.从技术引进到自主创新的学习模式.科研管理，（2）：32-34.

陈文玲.1998.论社会化大流通.财贸经济，（2）：28-32.

陈文玲.2009.我国建立和完善现代物流政策体系的选择.中国流通经济，23（1）：8-12.

丁俊发.2006.中国流通.北京：中国人民大学出版社.

杜义飞，等.2007.产业创新的价值结构研究——我国发电设备制造业产业创新分析.研究与
　　发展管理，8.

菲利普·科特勒，凯文·莱恩·凯勒.2003.营销管理（第11版）.梅清豪译.上海：上海人
　　民出版社.

冯玲，齐涛，赵千钧.2011.城镇居民生活能耗与碳排放动态特征分析.中国人口：资源与环
　　境，（5）：93-100.

高涤陈，郭东乐，宋则.2011.中国流通理论前沿（6）.北京：社会科学文献出版社.

国家统计局.2010.2009年三大需求对 GDP 增长的贡献.http：//www. stats. gov. cn/tjsj/zxfb/
　　201002/t20100202_ 12632. html［2015-11-20］.

贺珍瑞.2007.关于构建现代化农村市场体系的思考.理论导刊，（3）：64-66.

洪涛.2010."十二五"中国特色流通体系及其战略初探.北京工商大学学报（社会科学版），
　　25（4）：1-7.

洪涛.2011.流通产业经济学.北京：经济管理出版社：4-5.

胡洪力，孙宁.2002.流通制度创新：21世纪中国流通产业发展的战略选择.经济经纬，（5）：
　　22-25.

胡江.1999.生态消费——迈向21世纪的新消费.生态经济，（3）：64.

黄顺春.2008.产业创新概念界定述评.技术与创新管理,29(6):568-570.

黄顺春.2009.产业创新视角下的转型期产业工资差距变迁研究.江西财经大学博士学位论文.

黄志斌.2004.绿色和谐管理论.北京:中国社会科学出版社:76.

黄志斌,赵定涛.1994.试论未来的生态消费模式.预测,(3):32-34.

吉弗·哈里斯,斯塔德拉J哈特曼.2004.组织行为学.李丽等译.北京:经济管理出版社.

纪良纲.1999.论农产品流通中介组织发展的规律性.北京商学院学报,(3):10-14.

加尔布雷思.1965.丰裕社会.徐世平译.上海:上海人民出版社.

矫海霞.2003.现代性消费伦理的演变与生态消费伦理的提出.上海行政学院学报,(4):52-61.

金永生.2003.论新经济形态下的流通产业组织政策取向.中国流通经济,(4):17-20.

金永生.2004.中国流通产业组织创新研究.北京:首都经济贸易大学出版社.

黎元生.2003.农产品流通组织创新研究.北京:中国农业出版社:33-89.

李陈华.2008.中外流通企业规模比较:中国30强vs全球30强.商业经济与管理,(4):21-26.

李陈华,柳思维.2005.流通企业的企业理论新析.财经理论与实践,(5):108-113.

李陈华,文启湘.2004.流通企业的(规模)边界.财贸经济,(2):43-48.

李飞.2003.商品流通现代化内涵的探讨.北京工商大学学报:社会科学版,(5):1-6.

李贯岐.2003.对生态消费若干问题的初步探讨.商业研究,(1):40-42.

李凯.2010-01-06.生态经济与生态消费.中国经济时报,A05.

李平.2006.基于区域产业创新的知识产权战略研究——关于深圳实践的考察和分析.电子科技大学博士学位论文.

李蕊.2008.流通业对农村经济增长影响力的实证研究.北京工商大学学报(社会科学版),(1):8-13.

李杨帆等.2005.扬州生态市建设中生态消费体系的构建.生态经济,(7):59-60.

联合国.1993.21世纪议程.国家环境保护局译.北京:环境科学出版社:23.

梁琦.1997.构建生态消费经济观——兼评我国适度消费理论.经济学家,(3):30-34.

林文益.1995.贸易经济学.北京:中国财政经济出版社:14-23.

刘新新.2000.论生态消费意识与生态消费力.经济评论:17-19.

刘新新.2004.论生态消费与可持续发展.绿色中国,12(6):33-35.

刘益.2012.中国酒店业能源消耗水平与低碳化经营路径分析.旅游学刊,27(1):83-90.

刘子玉,杨印生.2007.构建现代农业标准体系,促进农村居民消费.中国农村经济,(S1):

63-68.

柳杨青，杨文进.2002. 略论生态经济学与可持续发展经济学的关系. 生态经济，（12）：
　　36-39.

鲁长安.2009. 我国发展生态消费面临的挑战及其对策. 党政干部论坛，(9)：22-24.

孟铁，张殿波.2008. 论我国流通产业组织结构优化与创新. 经济纵横，(9)：45-47.

潘鸿.2010. 生态经济学. 长春：吉林大学出版社.

秦鹏.2007. 生态消费法研究. 北京：法律出版社.

卿定文，张菊.2006. 建设环境友好型社会呼唤生态消费. 消费经济，(3)：11-14.

邱高会.2010. 我国生态消费的研究现状及展望. 中国市场，(3)：100-103.

沈十妹.2008. 基于可持续发展的节约型消费体系研究. 江南大学硕士学位论文：39-49.

斯蒂芬 P 罗宾斯（Stephen P. Robbins）.1997. 组织行为学（第 7 版）. 孙健敏等译. 北京：中
　　国人民大学出版社.

司金銮.2001. 生态消费品价格问题探讨. 资源：产业，3（2）：38-39.

施里达斯·拉夫尔.1993. 我们的家园——地球. 夏堃堡等译. 北京：中国环境科学出版社.

宋则.2003a. 促进流通创新提高流通效能的政策研究. 市场与电脑，(1)：6-15.

宋则.2003b. 促进消费迎接挑战振兴国内餐饮业. 北京工商大学学报：社会科学版，18（1）：
　　58-61.

宋则.2004. 中国流通创新前沿报告. 北京：中国人民大学出版社.

宋则.2006a. 发挥现代流通服务业在产业链中的带动和反哺作用（上）. 商业时代，(17)：
　　12-13.

宋则.2006b. 发挥现代流通服务业在产业链中的带动和反哺作用（中）. 商业时代，(18)：
　　12-14.

宋则.2006c. 发挥现代流通服务业在产业链中的带动和反哺作用（下）. 商业时代，(19)：
　　10-11.

孙克.2011. 嘉兴构建低碳消费体系的探讨. 嘉兴学院学报，(5)：22-26.

唐晓华，王广凤，马小平.2007. 基于生态效益的生态产业链形成研究. 中国工业经济，
　　(11)：121-127.

陶伟军，刘敏.1999. 浅谈生态消费. 湖湘论坛，(2)：59-60.

汪秀英.2005. 绿色消费与生态消费的规则界定与分析. 现代经济探讨，(8)：6-10.

汪旭晖.2011. 现代流通服务业自主创新：理论与实践. 北京：经济科学出版社.

王福民.2012. 产业创新内涵、驱动及目标研究述评. 湖南商学院学报，(1)：47-51.

王俊.2011. 流通业对制造业效率的影响——基于我国省级面板数据的实证研究. 经济学家，

（1）：70-77.

王明明. 2009. 产业创新系统模型的构建研究——以中国石化产业创新系统模型为例. 科学学 管理, 27（2）：295-301.

王妍, 石敏俊. 2009. 中国城镇居民生活消费诱发的完全能源消耗. 资源科学, （12）： 2093-2100.

王钟. 2004. 重庆市消费结构多元化研究. 浙江社会科学, （2）：117-120.

夏春玉. 2009. 流通概论. 大连：东北财经大学出版社：36.

夏春玉, 郑文全. 2000. 流通经济学的贫困与构建设想. 当代经济科学, （1）：5-11.

现代汉语辞海编委会. 2002. 辞海. 太原：山西教育出版社.

肖军, 文启湘. 2009. 消费管制：实现生态消费的重要保证. 消费经济, 25（2）：75-77.

肖军, 文启湘, 王贵森. 2012. 陕西省生态消费模式发展状况评价与对策研究. 消费经济, （3）：12-15.

熊彼特. 1990. 经济发展理论. 何畏等译. 北京：商务印书馆.

徐从才. 2006. 流通经济学：过程、组织、政策. 北京：中国人民大学出版社.

徐从才. 2011. 流通创新与现代生产者服务体系构建. 北京：中国人民大学出版社.

亚当·斯密. 1972. 国民财富的性质与原因的研究–上卷. 郭大力等译. 北京：商务印书馆： 15-16.

杨松茂. 2006. 当前我国生态消费发展的问题及其对策. 统计与决策, （5）：38-39.

姚永利. 2007. 生态消费问题研究. 东北林业大学博士学位论文：29.

伊志宏. 2000. 消费经济学. 北京：中国人民大学出版社：14-15.

尹世杰. 1999. 论知识经济与生态消费. 经济评论, （6）：17-19.

尹世杰. 2000a. 关于建立生态消费体系的几个问题. 长沙铁道学院学报（社会科学版）, （1）： 28-32.

尹世杰. 2000b. 关于生态消费的几个问题. 求索, （5）：14-17.

尹世杰. 2010. 关于发展生态消费力的几个问题. 经济学家, 9, 5-12.

于海量, 曹克. 2008. 人类消费行为的生态取向与路径选择. 南京社会科学, （11）：103-107.

曾坤生. 1999. 论生态需要与生态消费. 生态经济, （6）：50-53.

张昌勇. 2011. 我国绿色产业创新的理论研究与实证分析. 武汉理工大学.

章迪平. 2010. 流通产业发展方式转变实证研究——以浙江省为例. 浙江工商大学博士学位论 文.

张贡生. 2004. 走向生态文明的现实选择. 兰州商学院学报, （3）：24-27.

张剑春. 2000. 生态消费与我国企业推行 ISO14000 的内在动力分析. 中国标准化, （10）：

43-44.

张筱蕙. 2010. 生态消费模式：背景、缺陷及理论基础的构建. 陕西教育学院学报，（3）：
24-28.

张绪昌，丁俊发. 1994. 流通经济学. 北京：人民出版社.

中国环境报社. 1992. 迈向 21 世纪. 北京：中国环境科学出版社：30.

中国互联网络信息中心. 2010. 第 25 次中国互联网络发展状况统计报告. http：//www. cnnic.
net. cn/hlwfzyj/hlwxzbg/hlwtjbg/201206/t20120612_ 26716. htm［2015-11-20］

中国连锁经营协会. 2012. 2012 流通发展论坛报告.

中国社会科学院财政与贸易经济研究所课题组，宋则，赵凯. 2009. 中国商贸流通服务业影响
力研究. 经济研究参考，（31）：2-9.

中国社会科学院语言研究所词典编辑室. 1997. 现代汉语词典（修订本）. 北京：商务印书
馆：1130.

周长富，张二震. 2011. 基于流通创新的现代生产者服务业内在机制分析. 商业经济与管理，
（3）：5-10.

周国梅，任勇. 2007. 德国的循环经济：从垃圾经济到可持续生产与消费体系. 世界环境，
（1）：40-43.

周梅华. 2001. 可持续消费及其相关问题. 现代经济探讨，（2）：20-21.

周叔莲. 1981. 应该重视消费模式的研究. 经济学动态，（10）：20-22.

朱成钢. 2006. 绿色消费驱动下的绿色营销策略及其启示. 商业经济与管理，（11）：48-51.

朱诗娥. 2007. 我国农村居民消费与城镇居民消费的对比分析. 消费经济，23（4）：46-49.

Aaker D A. 1980. The value of brand equity. Journal of Business Strategy，13（4）：27.

Aaker D A. 1998. Strategic Market Management. 5th Edition. New York：John Wiley & Sons.

Alexander N. 1997. International Retailing. Oxford：Blackwell.

Andreassen T W，Lindestad B. 1998. Customer Loyalty and Complex Services. International Journal of
Service Industry Management，9（1）：193-218.

A. T. Kearney. 2008. Emerging Opportunities For Global Retailers：The 2008 A. T. Kearney Global
Retail Development Index™ . https：//www. atkearney. com/documents/10192/574634/GRDI _
2008. pdf/218eb855-ddfd-4939-b1fd-0d5069838c0a［2015-12-01］.

Babu S C. 2000. Capacity strengthening in environmental and natural resource policy analysis：meeting
the changing needs. Journal of Environmental Management，59（1）：71-86.

Carrefour. 2010. Annual Activity and Sustainability Report. http：//www. carrefour. com/cdc/responsible-
commerce/sustainability-report/［2011-12-11］.

Danneels E. 2004. Disruptive technology reconsidered: a critique and research agenda. Journal of Product Innovation Management, 21 (4): 246-258.

Freeman C. 1982. The economics of industrial innovation, 2nd edition. New York: General: 200-223.

Goldman A. 1975. The role of trading- up in the development of the retailing system. Journal of Marketing, 39 (1): 54-62.

Grace D, O'Cass A. 2004. Examining service experience and post- consumption evaluations. Journal of services Marketing, 18 (6): 450-461.

Harrington R. J. 2004. The environment, involvement, and performance: implications for the strategic process of food service firms. International Journal of Hospitality Management, 23 (4): 317-341.

HM Government. 2006. Climate change: The UK programme 2006. London, UK: The Stationery Office.

Holdren J P, Ehelich P R, Daily G C. 1996. The Meaning of Sustainability: Biogeophysical Aspects, Defining and Measuring Sustainability. The Biogeochemical Foundations, New York.

Howard J A, Sheth J N. 1969. The theory of buyer behavior. New York: John Wiley & Sons.

Jansen L. 2003. The challenge of sustainable development. Journal of Cleaner Production, 11 (3): 231-245.

Johnson A. 2007. War- Mart World. Bloomington: Author House.

Jones T O, Sasser W E. 1995. Why satisfied customer defects. Harvard Business Review, 73 (6): 89-90.

Lefebvre H. 1971. Everyday Life in the Modern World. London: Allen lane The Penguin Press.

Lefebvre H, Elden S, Moore G. 2004. Rhythm Analysis: Space, Time and Everyday Life. London and New York: Continuum.

Lin C Y. 2006. Influencing factors on the innovation in logistics technologies for logistics service providers in Taiwan. Journal of American Academy of Business, 9 (2): 257-263.

Mccutcheon D, Stuart F I. 2000. Issues in the choice of supplier alliance partners. Journal of Operations Management, 18 (3): 279-301.

Paul B, Gareth E, Friis J M. 2009. Carbon labelling and low- income country exports: a review of the development issues. Development Policy Review, 27 (3): 243-267.

Polanski M J, Mintu- Wimsatt A T. 1995. Environmental Marketing: Strategies Practice, Theory, and Research. The Havorth Press, Inc.

Rees W E. 1992. Ecological footprint and appropriated carrying capacity: what urban economics leave-sout. Environment & Urbanization, 4 (2): 121-130.

Rees W E，Rees W E. 2000. Eco-footprint analysis：merits and brickbats. Ecological Economics，32：
　　355-375.

Rothwell R，Zegveld W. 1985. Reindustrialization and technology. Longman，ME Sharpe：54-63.

Schwaiger M. 2004. Components and parameters of corporate reputation-an empirical study. Schmalenbach
　　Business Review，56（56）：46-71.

Spector R. 2005. Category Killer：The Retail Revolution and Its Impact on Consumer Culture. Boston：
　　Harvard Business School Press.

Stata R. 1989. Organizational learning - the key to management innovation. Sloan Management Review，
　　30（3）：63-74.

Thomas D，Gardner G T，Jonathan G，et al. 2009. From the cover：household actions can provide a
　　behavioral wedge to rapidly reduce us carbon emissions. Proceedings of the National Academy of
　　Science，106（44）：18452-18456.

Turner P，Tschirhart J. 1999. Green accounting and the welfare gap. Ecological Economics，30（1）：
　　161-175.

UNEP. 1994. Elements forsustainable consumption，Sutainable Production and Consumpion Patern，
　　Olso，Norway.

van den Bergh J C J M，Verbruggen H. 1999. Spatial sustainability，trade and indicators：an
　　evaluation of the 'ecological footprint'. Ecological Economics，29：61-72.